ドイツリスク

「夢見る政治」が引き起こす混乱

三好範英

光文社新書

目　次

はじめに　危うい大国ドイツ――夢見る政治が引き起こす混乱

戦後ヨーロッパ・システムは限界に来ているのかもしれない。

そんな懸念を感じさせる出来事が、今年（２０１５年）になって次々と起きている。イスラム過激派によるフランス・パリの政治週刊紙「シャルリー・エブド」襲撃事件、ウクライナ東部でのウクライナ軍と親ロシア派武装集団間の戦闘激化、そして、ギリシャ債務問題。いずれも世界を揺るがす大事件である。そして、その間隙《かんげき》を縫うように、ヨーロッパ各国の右派ポピュリズム政治勢力の台頭や、地中海を経由しての難民大量流入のニュースが伝えられる。

これらの様々な出来事は、相当程度、相互に関連している。共通通貨ユーロは統合を進めるどころか、ヨーロッパの分裂に力を貸している。若年層移民の高失業率はテロの土壌となり、それが移民排斥感情を煽《あお》って、いわゆる右派ポピュリズムの台頭をまねいている。ウクライナ危機は、戦後ヨーロッパが培ってきた平和的手段による紛争解決プロセスや、ロシアをヨーロッパに包摂するというビジョンを危機に陥れた。地中海から押し寄せる多くの難民を、寛容の精神だけで扱うのはもはや不可能である。

今ヨーロッパは、戦後ヨーロッパを築いてきた統合、平和、寛容、自由などの理想を貫こうとすればするほど、それと裏腹の結果が生まれる自縄自縛に陥っているように思える。

そしておそらくこの変調の大本に、今やヨーロッパで抜きん出る力を備えるようになったドイツの存在がある。ヨーロッパの病ということが言えるのであれば、その多くの部分はドイツの病に起因するのではあるまいか。

＊あるフィンランドの町長の言葉

あるフィンランド人の言葉を思い出す。

「ドイツ人は夢見る人。それに対して、フィンランド人は実際的な国民です」

原発の町のハッリ・ヒーティオ町長（52）は、簡素な町長室で真剣な表情を変えず答えた。フィンランドの首都ヘルシンキから電車とバスを乗り継いで4時間。フィンランドとスウェーデンに挟まれたボスニア湾に面したエウラヨキ町を訪れたのは、すでに晩夏の気配が濃い2011年8月22日のことだった。町の西部、湾に突き出るように位置するオルキルオト島の先端部に、オルキルオト原発がある。原子炉2基が稼働し、1基が建設中で、4基目の建設も計画されていた。原発敷地にほぼ隣接して、核廃棄物のオンカロ最終処分場の建設も進行中だった。

ヒーティオの言葉は、私の「ドイツは脱原発を決めた。フィンランドはなぜ原発を推進するのか」の質問に対する答えだ。ヒーティオは、ドイツ人を夢見る人（dreamer）、自国民を実際的な（practical）国民、と定義するわけを、次の様に言った。

「もし我々が生活水準を保ちたいならば、エネルギーが必要だ。そのためには二つの可能性がある。我々自身がエネルギーを作り出すか、隣国ロシアから買うかだ。大半のフィンランド人は、（ロシアにエネルギーを依存することで）ロシアに我々の生活水準を決められたくない。ドイツは大国だ。ロシアと対等に話せる。しかし、フィンランドはできない。我々はロシアとの多くの戦争から、ロシアについて学んだのだ」

ロシアに隣接している地政学的条件など、フィンランドについての考察はひとまず置く。私の耳にすっと飛び込んできたのが「夢見る人」という言葉だった。この言葉で、それまで私の頭の中でもやもやとわだかまっていた霧が、あっという間に晴れたような気がした。フィンランド人の現実感覚に対比された「夢見る人」という定義は、ドイツとドイツ人の本質を見事に言い当てた言葉に思えたからである。

当時、ドイツの急激な脱原発の動きや、ユーロ崩壊の可能性すら喧伝《けんでん》されたユーロ危機を取材する中で、私はドイツ人の振る舞いや考え方に、強い疑念を感じていた。

なぜ福島第1原子力発電所事故に関するドイツメディアの報道はかくまでセンセーショナルなのか、なぜ遠く離れた日本での出来事がドイツでの脱原発という決定を促したのか、なぜ欠陥がつとに指摘されていたユーロがドイツ主導で導入されたのか、といった疑問が頭の中に渦巻いていた。それらを解決するヒントがヒーティオの言葉から得られたように思ったのである。

「夢見る人」を定義するならば、現実を醒《さ》めた謙虚な目で見ようとするよりも、自分の抱いている先入観や尺度を対象に読み込み、目的や夢を先行させ、さらには自然や非合理的なものに過度の憧憬《しょうけい》を抱くドイツ的思惟《しい》の一つのあり方、である。本書はこの「夢見る人」の概念を手がかりに、ドイツの「危うさ」を解き明かす試みである。

＊エネルギー転換は無謀な賭け？

２０１１年３月11日の福島第１原発事故を受けて、メルケル政権は２０２２年までに、国内の全原発を廃止する政策を法制化した。また、自然エネルギー（再生可能エネルギー）が電力消費量に占める割合を、２０２０年までに35％、30年までに50％、50年までに80％に高める目標を掲げた。脱原発と自然エネルギー普及を並行して実現しようとする、この野心的なエネルギー政策をドイツ政府は、「エネルギー転換」と称している。

ドイツのエネルギー専門家であるシュテファン・コーラー「エネルギー機関」（dena＝政府が半分出資して設立した自然エネルギーに関する研究、立案などに当たる企業）代表の言を借りれば、「２０００年には50メガワット以上の１０００基の発電施設がドイツの発電量の90％をまかなっていたが、２０２０年には３００万基の発電施設が発電量の50％をまかなうことになる」のである。

エネルギー転換実現には、送電線網の増設に加え、予備発電所、蓄電施設、スマートグリッド（通信・制御機能を付加した電力網）などの整備を進め、全国規模、あるいはヨーロッパと結びついた新たな給電ネットワークを構築しなければならない。それはエネルギー・システムの根本的な変革を図る「コペルニクス的転回」とも言えるものである。

このエネルギー転換着手から、すでに4年以上が経過した。ドイツ国内では今や電気料金値上げへの不満と、エネルギー転換の実現性への疑念が広がっている。

自然エネルギー導入の柱である固定価格買い取り制度に基づき、消費者に転嫁される賦課金高騰で、電気料金が高騰している。家庭用の電気料金は2000年から一貫して上昇し、2014年の電気料金は、年間3500キロワット時《キロワット》を消費する3人家族の標準世帯で、年間1019・88ユーロ（1ユーロ＝140円で約14万円）にまでなった。2000年の487・9ユーロに比して、2倍強である。

難航するエネルギー転換の現実に直面したメルケル政権は、政策の修正を急ぎ、2014年6月27日に連邦議会（下院）で改正再生可能エネルギー法を成立させた。導入する自然エネルギー発電量に上限を設けること、買い取り価格をかなり急速に引き下げること、一定以上の設備容量を持つ自然エネルギー発電に関しては買い取りをやめ、電力市場での売却を義務づけるシステムに移行することなどを柱としている。

この結果、2015年は電気料金上昇に歯止めがかかりそうである。しかし、長期的には、電気料金はなおも上昇するとの見通しもある。不安定な自然エネルギーの増大で、電力供給の安定性確保は困難さを増す。エネルギー転換が陥った隘路《あいろ》を打開できるかどうかは、現時点では未知数であり、エネルギー転換は結局無謀な賭けであった、と結論づけられる日が来るかもしれない。

東日本大震災による福島第1原発事故を、ドイツが強い衝撃を持って受け止めたことが、ドイツがエネルギー転換に踏み出したきっかけだった。

ドイツメディアには、当初からチェルノブイリ事故（1986年）を上回る惨事になる、などと甚だ悲観的な予測が横行し、事故による被害を過小に発表していたとして、東京電力や日本政府への道義的糾弾が満ち満ちていた。

ドイツメディアによる原発事故報道と、ドイツ社会のヒステリックな社会現象とは相互に増幅し合う関係だった。メルケル政権が2011年5月30日、2022年末までの脱原発決定を行った背景にはこうした、熱に浮かされたようなドイツ社会の雰囲気があった。この決定は、十分に経済合理的な判断というよりも、ドイツのパニック的な報道と世論に押された政治決断だった。

遠く離れた日本での原発事故を契機に、脱原発へなだれ込んでいくドイツ社会の変化の唐突さは私にとって驚きに満ちたものだった。

＊ヨーロッパのドイツ化

2009年に始まったユーロ危機は5年以上を経過した2015年4月の時点でも、若年失業率がスペイン、ギリシャで約50％と高水準に止《とど》まり、依然として南欧諸国の債務残高が大きいことは、ユーロ危機の根本解決がほど遠いことを教えてくれる。２０１５年には、ギリシャの政治情勢に端を発し、ギリシャ債務危機が再燃した。

歴史を遡《さかのぼ》れば、ベルリンの壁崩壊（１９８９年）からドイツ統一（１９９０年）へと向かうヨーロッパ主要国間の交渉の過程で、西ドイツのヘルムート・コール首相とフランスのフランソワ・ミッテラン大統領との間に、共通通貨導入について早期に了解する必要が生じたことが問題の始まりだった。統一によるドイツ強大化に懸念を抱いたフランスは、マルクを放棄させ、西ドイツだけに事実上決定権があったヨーロッパの金融政策に対するフランスの影響力回復を急いだのである。

一方、西ドイツ側は、それまで、通貨統合と政治統合を並行して実現することを主張していた。それはヨーロッパ連邦実現という極めて理想主義的な立場であり、第2次大戦後の西ドイツの置かれた特殊な事情に深く関連している。西ドイツは、ナチズムやホロコースト（ユダヤ人大虐殺）の過去克服とヨーロッパ域内平和実現の夢を、国民国家の解体＝ヨーロッパ統合に求めてきたのである。コールにとってヨーロッパ統合とは「戦争か平和か」の問題だった。

ミッテランの強い要請を前に、ドイツ統一を確かなものにする意図から、コールはそれまでのドイツの主張を取り下げ、先行して通貨統合を実現する方針に転じた。それによって、政治統合抜きのユーロ導入の大筋が決定された。

コールは夢を放棄したわけではなく、共通通貨導入を一つのステップにして、ヨーロッパの政治統合実現を目指す志向を強く持っていた。しかし、ユーロは、通貨（金融）は一つだが政治（財政）はバラバラという構造的欠陥を孕《はら》んだまま誕生した。ユーロ危機は、経済的合理性よりも政治的判断を優先させる誤りを犯したことに起因する。

コールの夢であるヨーロッパ統合は、「ドイツのヨーロッパ化」を伴うはずであった。しかし、ドイツ統一後、すでにほぼ四半世紀が経過し、シュレーダー、メルケルと政権が継承されていく中で、統一ドイツの変容は覆いがたい。それは東西分断時代のいびつな姿を克服して、ドイツが国家としての主体性を回復しつつある姿である。また、コールが抱きえた、ドイツの国益＝ヨーロッパ全体の利益という楽観論も、世界金融危機、ユーロ危機を経てヨーロッパ各国の国益に大きな違いが生まれる中、成り立たなくなっている。ドイツ外交がヨーロッパとの協調を捨てた、とするのは事実に反するが、ドイツはもはやその国益を、背馳《はいち》することが多くなったヨーロッパ全体の利益のために犠牲にすることはしない。コールが持っていた政治統合への意思は希薄化し、結局、「ユーロ・ロマン主義者」コールによって担われた「ドイツのヨーロッパ化」は、メルケルに至って「ヨーロッパのドイツ化」へと変転した。

ヨーロッパ統合は本来の未来図とは逆の方向に進んでいる。ユーロというシステムには、ドイツに富が集まり、周縁が窮乏化する必然性が組み込まれている。ドイツを封じ込めるヨーロッパではなく、ドイツが圧倒的な主導権を握るヨーロッパが生まれつつある。

それはまた、窮乏化を余儀なくされた人々の、欧州連合（ＥＵ）や富める国、なかんずくドイツに対する怨嗟《えんさ》に満ち、分裂の可能性を孕んだヨーロッパでもある。

＊ロシア、中国という東方への夢

２０１４年のウクライナ危機に際して、「ロシア理解者」「プーチン理解者」（「理解者」はドイツ語でVersteher）という言葉がドイツ国内で人口に膾炙《かいしゃ》した。

危機の渦中でロシアのプーチン大統領がとった対抗措置、すなわちクリミア併合が、ヘルシンキ宣言（１９７５年）を始め国際法秩序を無視した暴挙であることは明らかだが、ドイツ人の多くは、歴史を根拠にしたプーチンの論理と行動に親近感を覚えた。こうした親近感を隠そうとしない政治家、評論家などを「理解者」という言葉で呼んだのである。

ドイツの代表的な週刊誌「シュピーゲル」は、ドイツ人にはどこか東方=ロシアに惹《ひ》かれる心性「ロシアへのロマン主義」を宿している、と書く。それは、西欧的な人権や自由、明るい合理主義や啓蒙主義と対極の、豊穣ではあるが暗部を秘めた東方世界への憧憬だという。実際、トーマス・マンは第1次大戦時に、西ヨーロッパの合理主義に背を向ける存在として、フランス（西側世界）の「文明」に、東側世界に属するドイツの「文化」を対置した。

ウクライナ危機をきっかけに、「我々は本当に西ヨーロッパになったのか」という、ドイツ人自身がドイツ人としてのアイデンティティーを問う事態ともなったのである。

そして、その東方への夢は今や、もう一つのユーラシア大陸国家である中国にまで至り、歴史認識問題での日中対立において、中国に偏した立場を取りかねない危うさを持ち始めた。

2015年3月9、10日の、メルケル・ドイツ首相の来日は、このことを示したと言ってよいのではないか。来日前、日本の外交当局者を中心に懸念があった。メルケルが歴史認識問題における中国、韓国の主張に沿って、日本の姿勢に注文をつけるのではないか、という懸念である。実際、ドイツメディアは安倍政権の歴史認識を「歴史修正主義」として、否定的な報道を続けていた。

日本でのメルケルの公的発言は、おおむね抑制されたものだった。しかし、ドイツ首相府は、日本での講演会の開催主体として、当時、いわゆる従軍慰安婦問題の誤報で逆風下にあった朝日新聞社を選んだ。安倍政権の歴史認識を批判するメッセージを込めたのである。ドイツでは、メディアだけでなく、学者、外交官などの間でも、日本の「国家主義的傾向」に批判的な見方が根を張っている。

否定的な対日イメージとは裏腹に、ロシア、中国という大陸国家へのドイツのシンパシーは強まっている。それは、経済関係の緊密化や冷戦崩壊後の米国離れの一環として説明されることが多いが、それだけでは説明しきれない、先の「シュピーゲル」誌が説明するように、もっと本質的な親近性があるのかもしれない。

＊政治下手のドイツに学ぶことはあるのか？

本書で中心的に扱うテーマは、以上述べた三つ、エネルギー転換、ユーロ危機、ロシア、中国という二つの東方世界への接近、である。これらの問題を取り上げる第1の理由は、近年、それらが日本でも大きな関心を集めたテーマとなっていることにある。

日本でドイツに関することが話題になる際には、「ドイツは脱原発を決断したが、なぜ日本はしないのか」とか、「なぜドイツはギリシャを救済しないのか」「ドイツにとって日本より中国の方が大切なのではないか」といった問いがしばしば発せられる。この本はこうした質問への回答に幾分かでも資することを念頭に置いている。

しかし、より根本的な理由は、それらのテーマの底に、フィンランドの町長ヒーティオの言葉にあったドイツ人の「夢見る人」としての性格を見るからである。脱原発にエネルギー・システム革命の夢を抱き、ユーロにヨーロッパの永続平和の夢を託す、そして東方の非啓蒙主義的世界にこそドイツの本来の精神的故郷があるように感じる、そんなドイツの姿である。

ドイツ人の「夢見る」性格は、音楽や文学の分野で豊かな文化遺産を築いた一方、現実問題に直面したとき、ゆがみや病として顕在化することが多かった。ドイツ人の振る舞いは政治の舞台に立つとき、ぎこちなさを醸し出してしまう。作家トーマス・マンも指摘するドイツ人の「政治下手」である。

日本とドイツでは、その置かれた地政的、歴史的条件がまったく違う。とはいえ、ともに地域覇権国になる程度の国力を持ち、政治、経済、文化的にも世界に一定の影響力を行使できるだけの蓄積と成熟を備えた国である。歴史的にも実際に地域覇権を確立しながら、その拡大に挫折した経験も持っている。

そして、グローバル化し、新興国が台頭する現代世界の中で、繁栄を維持する道を模索している点では、同様な境遇にある。少子高齢化に直面し、社会の活力衰退の瀬戸際にいる点でも両国は共通している。同じ先進7か国（G7）の国として、地域紛争、環境問題、イスラムテロリズム、海賊対策、核軍縮、国連改革など、複雑化する現代国際社会の中で協力すべき、あるいはすでに協力している分野も多い。ドイツは、今も日本にとって大いに注意を払うに値する対象である。

ただ、日本との比較においてドイツをとらえる際には、日本人が己を客観視するための、あるいは自己認識を深めるための「鏡」程度の役割を期待するに止めるべきではないか。

近隣諸国との負の過去を清算したドイツは日本のモデル、といった「ドイツ見習え論」は依然として根強い。日本人のドイツ好き、それが高じてドイツのある断面を取り出して理想視する宿痾《しゆくあ》は一向に変わらない。それが我が国の進路を誤らせた歴史があるにもかかわらず、である。

エネルギー政策と地域統合、そしてロシアや中国とのつきあい方において、日本がドイツのやり方に一つの範を見ることに、私は否定的である。その根拠を、日本とドイツの地政的、歴史的条件の違いに加え、一言で言えば、「夢見る人」としてのドイツ的思惟の危うさに見ていることを、読者は本書に読み取るだろう。

ドイツはドイツ人自身が自国が望ましいと思う道をたどればよいのだが、日本がそんなドイツのあり方をそのまま見習っていては、破滅してしまうだろう。種明かしをしてしまえば、そんな危機感が、本書執筆の一番根底にある動機である。

第1章　偏向したフクシマ原発事故報道

危機のときにこそ物事の本質が現れる。日本の東日本大震災と福島第1原発事故に直面したときの、ドイツメディアの報道とドイツ人の振る舞いは、私に強い衝撃を与えた。それまで曖昧《あいまい》な形で私の心の中で蓄積されてきた、ドイツに対する認識と評価を結晶化する働きをした、と言っても言い過ぎではない。

ドイツメディアの報道には、原発事故の被害が深刻であればあるほど、長期化すればするほど、自らの主張や反原発運動の正しさが証明できるという無意識の志向が働いていたのではないか。

ドイツの震災報道は、特定の考えに基づく認識の偏りと、日本に対する紋切り型のイメージが重なり合った、グロテスクと表現しても過言ではないものだった。

1　グロテスクだったドイツメディア

＊反原発のコメンテーターばかり

2011年3月11日午後2時46分の地震発生の瞬間、どこで何をしていたのか、日本人誰もが、鮮明な記憶を持っているだろう。日本とドイツは8時間の時差があるため、地震発生はドイツでは午前6時46分であり、私の最初の東日本大震災に関する記憶は、地震発生約2時間後、出社してからのものである。

ベルリン中心部にある支局で、テレビニュースをつけると、川を津波が遡り、船が流されている画像が目に飛び込んできた。日本の東北地方で大地震、津波が発生した、というニュースだった。その日の夕には、福島第1原発が津波の被害を受け、もしかすると大変な事態になりそうだ、という情報がドイツにも届き始めた。その後、ドイツのニュースはほぼ福島原発事故一色になる。

午後7時からの公共放送ZDFのニュースに最初に登場したコメンテーターは、環境保護の民間活動団体（NGO）「グリーンピース」の原発専門家だった。その後、登場する専門家は、原子力技術、放射線などあらゆる関連分野に関して、ほぼ例外なく反原発の立場に立つ人物だった。

最初の1号機の水素爆発（3月12日）発生当初から、「放射能がドイツまで被害を及ぼすのではないか」との懸念が報じられた。そして、チェルノブイリ原発事故（1986年）を引き合いに出しながら報道は進んでいった。チェルノブイリ事故を比較の基準とすること自体は、同事故の被害を受けたドイツとしては、当然の報道のあり方ではある。しかし、当初から「第2のチェルノブイリ」、「チェルノブイリ事故より過酷になる可能性」などという表現で、被害の深刻さについて予断を持って報道する姿勢が顕著だった。チェルノブイリ事故からの類推は、日本政府の「情報操作や秘匿」、さらには日本社会そのものに欠陥がある、という報道にまで及んでいった。

*事故評価の基準

ドイツの原発事故報道の実態をたどる前に、一つ断らねばならないのは、ドイツの報道や反応を評価する上で、福島第1原発事故そのものをどう評価するかが、避けて通れない一つの指標となることだ。

報道の評価には、その後明らかになった結果が入り込んでくる。たとえば、福島第1原発事故が実際に、チェルノブイリと同程度の被害となったのであれば、事故発生当初から「福島事故はチェルノブイリ事故と同じ規模の原発事故」と決めつける報道を、一概にセンセーショナルと断じることはできない。

さらに、事故の被害はどの程度まで拡大する可能性があったのか、ということも報道の評価に影響を与えるだろう。東京が甚だしく放射能汚染される可能性は高く、それが回避できたのは偶然の産物だったのか。その後得られた知見、分析から、相当な確度でそうであったのならば、過去のある時点での報道への評価も変わってこざるをえないだろう。

千差万別の事故評価やリスク評価がある中で、一応の目安として、「原子放射線の影響に関する国連科学委員会」（ＵＮＳＣＥＡＲ）の評価を念頭に置きたい。

２０１４年5月30日に日本記者クラブでカール＝マグナス・ラーソンＵＮＳＣＥＡＲ議長が記者会見を行った際、配布された２０１３年報告書では、東京電力福島第１原発事故で放出された放射性物質の総放出量は、ヨウ素１３１とセシウム１３７が、それぞれチェルノブイリ事故の10％と20％と推計している。また、健康被害についても、今後発生する可能性はほとんどない、と報告している。

この評価にも異論はあるのだろうが、私は、この報告書に盛られた事故の評価を、ドイツメディアの原発報道やドイツ社会の反応を評価する際のおおよその目安とする。そして、ドイツメディアや社会が持つ認識のゆがみと見なさざるをえない例を取り上げるつもりでいる。

＊予断に満ちた公共放送報道

ドイツメディアは、大衆紙「ビルト」が、ドイツでは最大の売り上げ部数220万部程度を持つ他は、全国一般紙である保守系紙「フランクフルター・アルゲマイネ」、保守系紙「ヴェルト」、リベラル系「南ドイツ新聞」などは、それぞれ数十万部の部数に過ぎない。また、これら一般紙はニュースの速報性よりも、解説、論説に比重を置いている。したがってニュース報道でドイツメディアの中核となるのは、日本ではNHKに相当するARD、ZDFの二つの公共放送である。

福島第1原発1号機の爆発を受けた、3月12日夜のZDFニュースは、次の様だった。

「日本は原発の大災害に直面している。情報は矛盾している。ズーパーガウ（Super-GAU=ドイツ語で「超大規模の事故」）の恐れが迫っている。日本政府は、外に向けては安心させようと努めているが、日本政府により進められている（避難などの）措置が、日本政府がより悪い事態を想定していることを示している。日本は世界の懸念を引き起こしている」というキャスターの前置きの後、クリストフ・ピストナー応用エコロジー研究所研究員が、コメンテーターとして登場し、「私はもうガウ（GAU）という言葉は使わない。というのはガウという言葉は、まだ事態は制御できる、ということが前提となっている。しかし、もはやそうではない」と解説する。

続いてキャスターが、東京電力は今までも事故隠しをするなど問題のある企業だった、と指摘し、さらに、次の専門家、ヴォルフガング・レネベルク元環境省原子炉安全・放射線防護・廃棄物処理局長が、「すでに炉心溶融が始まっている兆候があり、もうスーパーガウになる可能性がある」などと解説した。

キャスターはさらに、「福島原発にはチェルノブイリの20倍の使用済み核燃料があるため、チェルノブイリよりはるかにひどい結果になる可能性もある」と解説。

そして３人目の専門家である放射線医エトムント・レングフェルダーが「福島の作業員たちは、チェルノブイリの事故処理作業員と同じように放射線にさらされている。避難地域は十分ではない。もっと広範囲にもっと迅速に避難すべきだ。後の世代の人間も、健康を脅かす、遺伝形質を変える放射能にさらされるだろう」と極めて厳しい状況認識を語る。

さらにレポーターが「懸念の理由が十分ある。一つ確実なことは、状況はもはや制御不可能、ということだ。すでに炉心溶融が起きているようだ。４人の作業員が軽傷を負ったとしているが、ある情報筋によると、もっと多くの被曝者がいる、との情報がある。福島第１原発からの情報は錯綜《さくそう》している。爆発は政府が認める以上に劇的な結果をもたらす、との専門家の指摘もある。炉心溶融を防ぐためには、ホウ酸を加えた海水を注入するが、専門家は決して効果のある方法ではない、と見なしている」と報じる。

このように、報道は極めて悲観的な予測に貫かれていたことが分かる。

一方、12日夜の公共放送ＡＲＤの放送は、だいたい次の様だった。

大規模な爆発が福島第1原発であった。放射能が放出され、外の覆いが破壊された。内部の容器は破壊されていない、と日本政府は主張している。ロベルト・ヘットケンパー特派員が、「炉心溶融があったかなかったか、（当局者は）肯定したり否定したりする。（実態が分からないのは）翻訳の問題か、炉心溶融の概念の解釈の違いかもしれないが、日本政府は危機をあおらない政策をとっている。報道もそうだ。しかし、炉心溶融に至れば、東京にも甚大な影響があるだろう」と報告する。

ドイツ原子炉安全委員会委員ミヒャエル・ザイラーは「炉心は制御不能のまま加熱している。教科書通りに言えば、もはや事態の悪化を避けることはできない。海水での冷却は圧力の上昇を遅らせ、放射能の放出をある程度は少なくすることができるかもしれない」と解説する。

ナレーションに戻り、「多くの人がチェルノブイリを回想している。ソ連政府は大事故の規模を小さく発表し、多くの作業員を死に追いやった。放射能汚染は今でもドイツでも続いている」。ＺＤＦに比較して、抑制されてはいるが、チェルノブイリ事故との関連づけや、事態の悲観的な見通しでは共通している。

公共放送ＺＤＦとＡＲＤのうち、歴史が浅いＺＤＦの報道番組の質はＡＲＤに比べて劣る。それは原発事故報道に限らない。特派員として午後７時からのＺＤＦ、午後８時からのＡＲＤの定時ニュースはほぼ毎日見て、同じ出来事に関する報道を比較することができたので確信を持って言える。事象のとらえ方がＡＲＤの方が比較的バランスがとれていて知的なのである。原発事故報道においても同様だった。

ＺＤＦの原発事故報道では、当初、福島第１原発で起きた水素爆発とチェルノブイリの爆発を区別して報道していなかった。ＺＤＦのすべてのニュースを見たわけではないが、二つの爆発の違いを故意に無視したか、あるいは違いを理解する分析力がなかったためだろう。

＊マスクをする男性＝死の不安におびえる東京

関東の広域で空間線量が上昇した15日には、ドイツ人特派員はほぼ全員が東京を離れ、大阪、あるいはソウルまで避難した。

「ヴェルト」紙（16日付）は「死の不安にある東京」という見出しで、女性、子ども、外国人が首都を脱出している、買いだめで多くのスーパーマーケットの棚が空になった、などと1面トップで報じた。

「東京でも高い放射線量が測定された。通常より22倍、とＮＨＫは報じている。多くの住民、特に女性と子どもは、放射性雲の恐怖からすでに南に向かっている……もし放射性雲が東京まで流れてくるならば、４０００万人の住民を襲うことになる」

「南ドイツ新聞」（16日付）の1面トップの記事「数百万の人口の首都が放射能汚染を恐れている　制御不能となった原発——東京は不安の中にある。高い放射線量のため、東電は作業員を福島から避難。外国企業は首都から避難」は、「多くの住民が東京を離れようとしている。成田空港には人が殺到しており、多くの駅で乗車券を買い求める長い列ができている。これまでは外国人が安全地帯に逃れようとしていたが、かなりの数の日本人も続いている」と報じる。

第3面には1面の記事を敷衍《ふえん》した記事が掲載されている。

「16時25分、ラジオから警戒解除の報が流れる。厚労省によると、東京の放射線量は人体の健康には直接的な危険はないというのだ。これはいったい何の意味だ。これは本当だろうか。

DIE WELT

MITTWOCH, 16. MÄRZ 2011

10 SONDERSEITEN

Tokio in Todesangst

Super-GAU bedroht 40 Millionen Menschen – Erhöhte Strahlung – Frauen, Kinder und Ausländer verlassen die Metropole – Merkel lässt fast die Hälfte aller deutschen Atommeiler sofort abschalten – Kurssturz an der Börse

「死の不安にある東京」の見出しで報じた2011年3月16日付「ヴェルト」紙の第１面

これまでさんざん、危険はないとなだめたり、隠したりした後に、この政府や東電を信じることができるというのか……もはや東京を離れるのは外国人だけではない。子どもを連れた若い家族や学生がいる。品川駅で長い列を作っているのは、３５００万人の首都圏住民のごくわずかな人々に過ぎないかもしれないが、これだけは確かだ。東京からの逃走が始まったのだ」

　事実認識のお粗末さや、偏見に無自覚な報道の例としては、マスク姿の日本人の写真の頻出があるだろう。

　「ヴェルト」紙の記事「死の不安にある東京」では、第１面に若い男性がマスクをして歩いている写真、第３面にネオンが消えて薄暗い東京の繁華街の中、マスクをした、おそらく帰宅を急ぐ人々を写した写真を大きく掲載した。両方の写真に「東京では多くの人がマスクをして、放射性の粒子から身を守ろうと試みている」との絵解き（キャプション）をつけている。「南ドイツ新聞」（16日付）の記事も、1面で電車の車窓からカメラを見つめるマスク姿の日本人女性の写真を使った。

欧米ではマスクを日常的に着用することはないから、マスク姿は何か異常な出来事が起きたことを暗示する。しかし、日本人なら誰でも分かるように、大震災の発生時にマスク姿の人が目についたのは、花粉症の季節と重なったからに過ぎない。過失にせよ故意にせよ、東京に放射能汚染の危険が迫っていることを読者に印象づけられれば、それで報道の目的は達せられたのだろう。

次いで強調されたのが、再爆発の可能性である。

ARDの3月30日の特集番組は、事故約半月後の総括的なドキュメンタリーだったが、炉心溶融の結果、圧力容器から落下した核燃料が水と接触して、新たな大爆発を起こすかもしれない、と解説し、その様子をコンピュータグラフィックスで見せた。放射性雲が東京を襲う仮想の風景がやけに生々しい。また、東京・金町浄水場の水道水を飲み干す石原慎太郎都知事の映像を「ばかげて危険な行為」とのコメント付きで放映した。

＊原発事故で１万６０００人が死んだ？

ＡＲＤの３月30日のドキュメンタリー番組では、甲状腺がんで治療を受けるチェルノブイリの子どもたちと、避難所で遊ぶ日本の子どもたちの映像を、思わせぶりに相前後して流した。甲状腺がんが多発する可能性がある、といったナレーションはなかったと記憶するが、それを強く示唆しており、同じ放送が日本でなされたら、批判にさらされることは間違いない内容だった。

同様の報道はその後も続いた。２０１２年10月11日夜の１時間近くにわたるＡＲＤ特集番組では、福島周辺のシジミチョウに奇形が多発しているという琉球大学の研究が紹介された。「福島の人にはまだ（ドイツ語でnoch）影響は現れていないが、蝶には現れた」というコメント付きである。

２０１３年３月11日、震災２周年に際して、環境政党「同盟90／緑の党」（以下緑の党）の党首クラウディア・ロートがフェイスブックで、次の様に、地震、津波の死者が、あたかも原発事故による死者であるかのような書き込みをしたのも、こうした報道抜きには考えられない。

「2年前の今日、福島の壊滅的な原発事故が起きた。この大事故において、1万6000人が死亡し、2700人がまだ行方不明である。福島の原発事故は、非常に危険な原子力がいかに制御不能で、命に関わるものであるかを示した。したがって我々はドイツだけでなく、ヨーロッパ、そして世界中でできるだけ早く脱原発を実現し、エネルギー転換を前進させねばならない」

ロートの頭からは日本を襲った大地震や津波のことは消えてしまっていたらしい。

＊冷静だった英国の報道

外国メディアの報道は多かれ少なかれ、同様だった、という見方もあろう。一般論として他国の出来事は、とかく一面だけが誇張されて伝えられがちである。

しかし、私が事故発生後数日、食い入るように見ていたテレビ報道を基にして言えば、英国BBCテレビの落ち着いた、多角的な報道が印象に残る。

ドイツ、英国両国の原子力政策の根本的な違いはある。言うまでもなく英国は核兵器保有国であり、原爆、原発の開発にも歴史的に先駆的な役割を果たしている。国の基本姿勢が認識枠組み（パラダイム）となり、それぞれの国の報道の基調を規定している、ということはおそらく言えるだろうが、ここでは、できるだけ報道の質に関わる点のみを抽出して比較したい。

3月13日、１号機の爆発を受けて放送されたＢＢＣニュースは「混乱する情報の中、確実に言えることは何か」と前置きした上で、「爆発は視覚的に劇的であるが、放射能の拡散という点では、必ずしも危険というわけではない。炉心溶融という言葉は、非常に感情的な言葉だが、人々にとって主な脅威は、大気中に舞い上がった放射能を帯びたプルーム（放射性雲）だ。チェルノブイリでも、英国のウィンズスケール原発事故（１９５７年）でも、原子炉の燃料が数日間にわたりくすぶった。福島の爆発はチェルノブイリのような爆発ではなく、火災の情報はない。福島で放出された放射能ははるかに低いレベルであり、汚染がごく周辺地域を越えて拡散することはないだろう」という具合で、早くもドイツとの報道の違いは明らかだ。

14日の放送では、核物理学者の英国サーレイ大学教授パディ・リーガンが、「福島第１原発の爆発は、原爆の爆発のような印象を与えるが、まったく違う。我々は原発から排出される放射線量の数値を直接計測することができる。日本政府が隠すことはできない数字だ」と日本政府による情報操作はありえないことを指摘した。

キャスターの「日本人の間に政府がきちんと全体像を言っていないという疑惑が生まれているが」という問いに対し、チェルノブイリ事故の調査を続けているインペリアル・カレッジ分子病理学教授ゲリー・トーマスは、「全世界が日本を注視している中で、日本政府が情報を公表していないのであれば、それは政治的に甚だしく賢明でない。私はすべての情報を得ていると確信している。最悪の事態は起こらないだろう。これは第2のチェルノブイリではない。これはまったく違った事故だ。封じ込めの構造が保たれている限り、うまくいく。今のところ、そうなっていない、という証拠はない。多少の放出があったが、それは病院で診断を行う際の被曝量よりも小さい。それはそのうち減少するだろう」と発言した。

再びリーガン教授が「本当に危険なのは、格納容器の破損だ。今の時点では海水の注入は状況を安定化させるだろう。たとえ破損したとしても、住民が過剰な放射線にさらされることがないようにすべての手段を講じている」との評価を述べる。

15日の放送では、疫学のマンチェスター大学客員教授リチャード・ウェイクフォードが「日本政府は迅速かつ賢明に行動している。チェルノブイリ事故の際のソ連当局とは大きな違いだ」と発言した。

その後の報道も、同じような傾向が続いた。

４月12日、日本の原子力安全・保安院が事故の暫定評価を最悪のレベル７に引き上げた際も、ＢＢＣの環境専門記者であるリチャード・ブラックが、専門家の見解を引用しつつ、次の様なコメントをしている。

「チェルノブイリでは、稼働中の原子炉が火災を起こして爆発し、放射能を帯びた粒子が３万《フィート》という、旅客機の飛行高度まで達した。それは数千《キロメートル》のかなたまで届き、肉や牛乳の摂取を禁止するほどまで汚染した。福島の場合は、放射線量はずっと少なく、放出のあり方も大きく違う。福島の場合は、何回かのベントによる放出だった。チェルノブイリでは１３４人の労働者が急性放射線障害で入院し、そのうち31人が死亡した。福島では皆無だ。チェルノブイリでは人命を顧慮することなく、労働者が投入されたが、日本は民主国家だ。福島では、確かに内容やタイミングについて批判はあったが、政府は迅速に避難地域を設け、人々や食品のモニタリングを行った。そうした勧告や警告は、チェルノブイリの際に、ソ連政府が沈黙したのとは大きな違いだ。ただ、福島の現状は楽観できない。特に４号機の使用済み核燃料だ。安定した冷却システムを早く再建することが最重要だ」

このように、事故最初期だけの報道の比較だが、ドイツと英国の報道の間で、事故の実態、被害拡大の見通し、政府の対応や情報公開への評価の違いは驚くほど鮮明だ。とりわけチェルノブイリ事故との比較において、ＢＢＣはその違いを強調し、さらに日本政府の対処や公表している数字に基本的に信頼を寄せているところは、ドイツとは正反対である。

「最善のシナリオ」(the best case scenario) という言葉も新鮮だった。様々な立場の専門家を集め、「最悪のシナリオ」(the worst case scenario) と「最善のシナリオ」それぞれの可能性を冷静に分析していた。実際の展開はこの二つのシナリオの間の、どこかに落ち着くことになる、というわけである。

新聞報道も同様である。「フィナンシャル・タイムズ」(3月15日付) の「専門家はもう一つのチェルノブイリの危険性は低いと見ている」という解説記事では、「最悪のシナリオ」「中間のシナリオ」「最善のシナリオ」と三つに分けて、その後の事故の展開を予測している。最悪のケースは、炉心溶融を起こした核燃料が圧力容器ばかりでなく、格納容器も貫通して大規模な放射能拡散を招く事態である。ただこの場合も核燃料の濃縮率が核爆弾の燃料ほど高くなく、核爆発はありえないこと、チェルノブイリのときは運転中だったが、福島の場合は停止していたことなど、留保も付けている。中間のシナリオは、冷却に成功する場合だが、ベントを繰り返さねばならず、放射能の放出は続く。最善のシナリオは冷却システムが早急に回復し、ベントも必要なくなるケースである。

BBCやフィナンシャル・タイムズ紙の報道に接したとき、ここまで醒めた報道ができるのかと、ドイツの報道とは逆の意味で、強い印象を受けた。

2　高まる日本社会への批判

*日本の政府もメディアも信用が置けない？

大衆紙「ビルト」（3月15日付）の記事「日本人は我々に本当のことを言っているのか」は、「多くの東京在住の人間はCNNやBBCを見るようになっている。公務員のサトウさんは『ますます多くの人が情報を外国メディアから得るようになっている。日本の新聞よりニューヨーク・タイムズを読むようになっている』と語った」と書いている。

確たる根拠はないが、欧米メディアの情報を基に行動の指針を決めるような日本人は、全体から見れば極めて少数だろう。

原発事故発生後、しばらくの間、執拗《しつよう》に繰り返されたのが「なぜ東京の住民はパニックに陥らないのか」という問いだった。この問いの答えとして語られたのが、「ビルト」紙の記事にあった「日本メディアは事故の深刻さを隠したり、過小評価しているからだ」という断定だった。大手メディアは国民に「不都合な真実」を知らせず、国民は「知らぬが仏」の状態になっている、というわけである。

ＡＲＤの16日朝の番組に出演した、日本から帰国したばかりというドイツ人の若者は、「日本のメディアは真実を伝えていない。外国メディアに接することができる外国人や日本人は（正確な情報を得ることができるので）南に逃げたり、出国したりしている」と語った。「日本の若者は政治に関心がない。政府を批判しない」とこの若者は重ねて言った。長髪で耳にピアスを付けたこのドイツ青年が交際していたのは、どのような日本人の若者だったのだろう。

ドイツ思想が専門の三島憲一東京経済大学教授（当時）は、リベラル系紙「フランクフルター・ルントシャウ」（3月21日付）のインタビューで、「ドイツメディアは、英語が話せる日本人は外国メディアを通じて危険な状態をよく知っているために、大勢が東京を脱出している、と報じている。これを確認してくれますか」と質問を受けた。三島自身は日本の体制や政府に批判的な人だが、ドイツメディアの不躾《ぶしつけ》な質問には、不快感を隠そうとしない。

「ちょっと申し訳ないが、それはまさに自民族中心主義（ドイツ語でEthnozentrismus）だ……確かに情報はそれぞれ相違し、矛盾している。しかし、日本人が外国人に比してよく知らされていない？　日本語も読めないあなたが、どうしてそのような判断ができるのか。確かに英語が話せる日本人で、欧米の外国人に対し、そのようなことを流暢《りゅうちょう》な英語で確認する傾向を持つ、正確に言えば、喜びを見いだすタイプの人がいることは確かだが」

また「日本には取り上げるに値する反原発運動はあるのか」という問いに対しても、「もしあなたが日本語を読めるのなら、様々なインターネットのサイトに、政府の原子力政策に批判的な意見があることが分かるだろう。あるいは町の本屋に行けば、反原発運動の本がたくさん並んでいる。日本語を勉強しなさい。この命令は比喩的に言っているのだが、ドイツにある日本関連の研究所に電話しただけでも、日本の反原発運動に関する修士論文を見つけることができるだろう……確かに日本で原子力エネルギーが一定の割合を占めることを容認する意見は、ドイツより大きいかもしれないが、日本の論議のあり方は、ドイツとほとんど同じだ」と答えている。

やや事態が落ち着くと、「なぜ日本人は反原発デモを起こさないのか」という問いが繰り返された。

ドイツメディアが用意している答えはやはり、「狡猾《こうかつ》な日本政府、東京電力、電力業界（日本では「原子力村」だが、ドイツではアトムロビー＝Atomlobbyという言葉が頻繁に使われた）は、事故を過小評価し、事実をひた隠しにしている。その発表を日本の大手メディアは無批判に報道するだけ。そうした情報を信じ込んで、権力に従順な日本人は政府の方針に唯々《いい》諾々《だくだく》と従っている」という図式である。

　２０１１年４月26日付の「フランクフルター・アルゲマイネ」紙の「タブーに挑戦するしぶとい戦い」では、日本の反原発運動の活動家の発言を引用する形ではあるが、日本では労働組合はほとんどが原発賛成であり、日本のメディアは政府や東電の言っていることを繰り返すだけだ、と書いている。「質問された専門家は危険を過小評価する。反原発運動の活動家はめったにテレビに登場せず、国政に影響力はほとんど持たない。日本では官僚機構が決めた政策に反して、市民運動が何かを実現することは難しい」などと続けている。

　ドイツ人と結婚しているベルリン在住の40歳代の日本人女性は、事故直後、あるドイツ人の知り合い（男性、50歳前後という）から電話で長時間にわたり、「日本人がデモを起こさないのは信じられない。ドイツはチェルノブイリですぐデモを始めて社会的な潮流となった。日本は原爆を落とされたから、そのトラウマから原発問題に対処できないのではないか」などと、執拗に日本の現状を批判されたという。

　女性は「こちらも混乱しているのに一方的に批判された。本当に怖いくらいだった。震災犠牲者へのお悔やみを静かに言うだけのドイツ人もいて、そういう人には感謝しているが」と付け加えた。メディアの報道と世論との間には、明らかに相乗作用が働いていた。

＊デタラメな日本論

日本政府、東電への批判は、日本の大手メディア、日本社会、日本人一般への批判にまで容易に拡大した。

「フランクフルター・アルゲマイネ」紙（3月16日付）は「意図的な情報操作は日本の伝統」と題する記事で、三菱自動車工業のリコール隠し（２０００年に発覚）などを例に挙げ、「こうした偽の情報を流すやり方は、日本企業の中で東電が例外ではない。多くの日本人は都合の悪い情報を伝えようとは思わないし、それを避けようとする余り、多くの場合、単に沈黙することが多い。つまり、見ざる言わざる聞かざる、どんな結果になろうと面子《メンツ》だけが大切になる。そして、そのための対価はどうでもよくなってしまう」とコメントした。

「ヴェルト」紙（3月17日付）に掲載された「日本の自己欺瞞《ぎまん》」は、さらに進んで、日本の社会システムそのものに問題があるとする、一方的な断罪に終始している。

「自然災害に見える今回の事態は、多くの部分で人災である。この出来事は、かつて豊かで美しかった島国の没落の新たな段階であり、日本の夢、『和魂洋才』の終わりである。明治維新以来、『和魂洋才』の考え方で日本はやってきた。つまり、日本は技術上の進歩は何が何でも実現したかったが、それは啓蒙、批判、公共、民主主義、社会進歩とではなく、日本の独自性、個性と伝統といった捏造《ねつぞう》された神話と一つのパッケージにして、である」

「第2次大戦後、建設費を節約するために、日本は電線の地中化を進めなかった。地中の電線は地震に脆弱《ぜいじゃく》という理由で正当化されたが、それは今回の地震で徹底的に破壊された電線網が、その反対が正しかったことを証明している。このことは、もっと深く根ざしている間違った構造の一つの現れに過ぎない。その構造は、輸出経済の成功や急速な経済大国になったことにより、上辺《うわべ》だけを飾って隠されたのだ。この上辺は1990年代半ばの不動産価格の崩壊で、ぼろぼろに崩れ落ちた。その後の日本の政策はすべて間違いだった。日本の政治システムは、政党の操り人形と、官庁機構の官僚たちに支配されており、この危機に際して、改革をしようとはまったく考えず、壮大な仮象の世界を作ろうとした」

「調査報道とはまったく無縁な同工異曲のメディアは、官庁広報から得られる情報しか報じない。それはこれまでの原発の事故が過小評価されたことに現れている」

「こうした高いレベルでの幻惑と否定的な面は、これまでのところ、日本人が、多くの評論家が賛美する礼儀正しさ、冷静さ、秩序正しさなどの特質を内在化しているから、機能してきたに過ぎない。しかし、この特質は、無気力、無関心、受動性とも言い換えられる。長く時機を逸してきたが、こうした大災害に遭遇した日本は、文化的、社会的、政治的革命が必要だ。そうでなければ、この国は二度と近代には到達できないだろう」

このエッセイの筆者レギナルト・グリューネンベルクは、記事中に書かれている自己紹介を読む限り、過去数年間、日本で仕事に携わっていたといい、職業は政治学者、情報技術（ＩＴ）技術者などとなっている。

ドイツに根強い日本に対する一つの見方を、日本を内在的に理解しようとする知的努力を欠いたまま何のためらいもなく表現すれば、こうした日本像、日本人像になるのだろう。自分の価値を相対化することなく、その偏った価値でしか日本の歴史や社会を判断できない知性は、異文化に対する理解能力の根本的な欠如を物語っている。

＊専門誌に掲載された日本メディア批判

「南ドイツ新聞」（３月25日付）の東京特派員クリストフ・ナイトハート執筆の社説は、次の様だ。

「日本では、有権者とメディアによる権力のコントロールはこれまで無力だった。ソ連では、それまであまりにたくさんのことが秘匿され、もみ消されてきたが、チェルノブイリ後、ソ連当局は検閲を弱めた。日本に検閲はないが、大手メディアは自主的に政府に雷同してきた。彼らは第4の権力でなく、権力を支える第4の脚だ……（原発事故後しばらく経《た》って）メディアは再び飼いならされたようになり、大都市の人間は政治的に無気力で、破壊され放射能で汚染された地域は、東京では何の発言権もない。そして知的な対抗世論は日本にはない。政治にはゴルバチョフはいない」

チェルノブイリ原発事故当時のソ連と対比させて、日本政府、メディア批判を行っているが、言論の自由のなかった共産主義体制のソ連と日本を同列に論じること自体、荒唐無稽ではないか。

ナイトハートは、繰り返し日本メディアを問題視しており、「ドイツ外交政策協会」（DGAP）発行の外交問題専門誌「国際政治」（2013年3／4月号）への寄稿でも「日本メディアは福島原発事故から何も学ばなかった」などと、日本メディアへの批判を続けている。DGAPはドイツを代表する外交問題研究機関であり、「国際政治」は権威ある専門誌である。

この寄稿によると、記者クラブ制度により「主要メディアは非常に複雑な非公式的なカルテルを結んで」おり、「大災害の後はいくつか批判的な報道があったが、そのうち、政府を支持する報道に逆戻りしてしまった」、「日本のメディアは第４の権力ではなく、権力を支える第４の支柱である」などと書いている。

さらに、「日本メディアは（取材用の）ヘリコプターを震災被災者の救援に使わなかった」ことを問題視し、「日本の主要メディアは、極めて密接に自民党や経済界と絡み合っている」などと批判する。さらに「ドイツでは電気料金が2倍になった」という日本メディアの報道を事実に反しているとして、日本の新聞は原発稼働を正当化できれば、事実に合っているかどうかには関心がないと書く。しかし、ドイツの標準世帯の２０１３年の電気料金が２０００年に比べ倍以上に高騰している事実は、ドイツメディアが報じているのである。

欧米からの日本メディア批判の定番とも言えるのが、この記者クラブ制度批判だが、原発事故報道についても例外ではなかった。

社会民主党（ＳＰＤ）の政治家、言論人で、シュレーダー政権で首相府次官を務めたミヒャエル・ナウマン（１９４１年生まれ）と、震災から間もない２０１１年４月28日、ある会合で同席したことがあった。彼は日本の原発事故の際、避難地域を同心円状に設定したため、福島県飯舘《いいたて》村などの放射線量が高いにもかかわらず、計画的避難区域に指定することが遅れたことについて、「グリーンピースの測定値が出て、ようやく放射線量が高いことが明るみに出た。それまで避難させなかった」と日本政府の対応を批判した。さらに、記者クラブ制度をやり玉に挙げ、「東電の記者クラブには十数人の新聞記者がいるが、彼らは権力に都合のよい情報だけ流している」と批判した。私は「記者クラブには短所も長所もあるが、記者が一方的に権力にコントロールされているというのは事実に反する」と反論したが、日本の専門家でもないナウマンが一知半解の知識に基づき、一方的にあげつらう姿勢には辟易《へきえき》し、失望もした。

＊「『フクシマ50』はホームレス」

多くの国のメディアで、とりあえずは称賛の対象になった、震災における日本国民の落ち着き、助け合いながら困難な状況を切り抜けようとする姿が、ドイツメディアに肯定的に取り上げられることはほとんどなかった。登場する日本人は、放射能に対する不安と政府への不信を訴えて止《や》まぬ人、後には反原発デモに参加する人でほぼ占められた。

震災発生から2週間ほど経ってから、「ヘラルド・トリビューン」紙（3月26／27日付）

に、「避難民のための静かな勇気、熱い風呂」という記事（元はニューヨーク・タイムズの記事）が掲載された。岩手県陸前高田市の避難所で、「よそ者にとって驚くべきことは、日本人の悲劇に際しての禁欲と自己犠牲、静かな勇気だった」と、被災者たちが助け合って生活している様子を描いている。

この記事を読んで、同種の記事をドイツメディアで目にした記憶がないことに気づき、ネットで検索してみたが発見できなかった。見落としはあるだろうが、好意的視点で報道された記事が少なかったことは間違いない。

毎週日曜日夜に放映されているＡＲＤの討論番組「アンネ・ヴィル（女性司会者の名前）」の3月20日のテーマは、原発事故だった。一つの論点が、原発事故収束に向けて、東京消防庁の隊員が行った放水活動だった。

その隊員による放水活動前の出陣式の様子や、放水活動の映像とチェルノブイリ事故の際の消火活動の映像が相前後して流れた。消防隊員はあたかも、死ぬことを運命づけられた決死隊員として描かれていた。

リベラル系週刊新聞「ツァイト」発行人を務めたテオ・ゾンマー（１９３０年生まれ）が、討論者の一人として出席していた。ゾンマーはかつての日独同盟関係をテーマに博士論文を執筆しており（『ナチスドイツと軍国日本――防共協定から三国同盟まで』というタイトルで邦訳もされている）、日本通として知られている知識人である。

ゾンマーは、消防隊員への同情を示しているのだろう、目を腫《は》らしながら、「日本には今も天皇中心の忠誠心がある」などと説明し、消防隊員の行動は神風特攻隊の行為に匹敵する、と語った。

しかし、消防庁の放水活動は、慎重な準備を重ねた上で行っており、行動と成果が死そのものと不可分だった特攻隊とは本質的に違う。特攻隊に具現した価値観が現代日本社会にも継続している、という認識はあまりにも偏った見方である。ゾンマーの日本理解の皮相さと奇妙な自己陶酔は何だろう。私はゾンマーに、観念で物事を判断しがちなドイツの知識人の一つの典型を見る。

多くの外国メディアは、福島第1原発に残って危険を顧みず作業をする職員に「フクシマ50」との名を冠して肯定的に取り上げたが、ARD特派員のロベルト・ヘットケンパーは「彼らは、実はホームレス、外国人労働者、未成年労働者」と報じた。確かに一般論として原発の雇用形態に問題はあったにせよ、この時点で原発に残った作業員にこのような人々がいたかどうかは、ヘットケンパーは確認していなかった。ドイツメディアはこうした献身という行為に対して、はなから冷笑的だった。

また、ドイツの報道では、原発事故収束に向けた肯定的な動きはほとんど報じられなかった。震災半年後のＡＲＤの特集番組でも、溶融した核燃料の状態は分からないので依然として「制御不能」であると報じていたが、汚染水処理装置についての言及は一切なかった。

２０１１年６月の国際原子力機関（ＩＡＥＡ）の報告書が、日本政府の原発事故での避難措置について、適切であるとの評価を下したことに関して、経済紙「ハンデルスブラット」（２０１１年６月４日付）の東京特派員ヤン・コイヒェルは、「住民が依然として十分な説明もなく放射線にさらされており、職員が測定装置を持たずに現場に投入された」ことなどを指摘し、「ＩＡＥＡの報告書でばかげているのは、調査団が日本政府と東電の対処を『模範的』と称賛したことだ」と批判している。そして、「ＩＡＥＡはこうした事実を知り、きちんと言うべきである。ＩＡＥＡの奇妙な認識は、事務局長が日本人（天野之弥）であることと関係しているかもしれない」とまで書く。

＊「緑」の傾向を強めるドイツメディア

世論調査機関アレンスバッハが２００９年に行った、ドイツの政治記者の政党支持に関する調査によると、保守系のキリスト教民主・社会同盟（ＣＤＵ・ＣＳＵ）の支持が14％に対し、緑の党が42％となっている。また、「ヴェルト」紙（２０１１年４月11日付）に掲載されたマインツ大学情報学研究所教授（コミュニケーション学）マティアス・ケプリンガーのエッセイ「幻の不安　原子力への不安」によれば、「今日、ドイツのジャーナリストの35％が緑の党、25％が社会民主党（ＳＰＤ）、14％がＣＤＵ・ＣＳＵかリベラル系の自由民主党（ＦＤＰ）支持」である。

このエッセイによると、ドイツメディアは１９７０年代の前半までは、原子力エネルギーに関して、数は少ないが、肯定的な記事を掲載していた。70年代後半以降は、次第に報道の数が多くなったが、それは否定的な記事だった。その傾向はスリーマイル（１９７９年）、チェルノブイリ（１９８６年）両事故よりも先に見られるので、それ以前から顕著だった、過度に事故に焦点を当てる報道が、ドイツ社会の考え方の変化の原因となった、としている。

ケプリンガーは、「ドイツのジャーナリストの多くにとって、日本の原発事故は、彼らがかねて信じてきたことの最終的な証明だった。だからドイツのジャーナリストは、恐ろしい悲報に過度にスポットライトを当て、ドイツの最終的な脱原発の開始を実現したのだった」と評価している。

このケプリンガーと同僚のリヒャルト・レムケは、「ヴェルト」紙（2012年8月13日付）に、東日本大震災に関するドイツ、スイス、フランス、英国4か国の報道の比較研究成果を寄稿している。

4か国について、それぞれ新聞2紙、テレビ局2局を取り上げ、比較したところ、大震災の後にドイツの新聞には、福島原発事故について311の記事が掲載されたが、それは、他の3国の平均の倍だった。テレビは160の番組を放映し、それは1・5倍だった。

また、ドイツメディアは自国の原発の問題を、他国の報道に比べはるかに頻繁にテーマとして取り上げた。この寄稿では、「ドイツでは、フランス、英国と違い、津波による日本人の犠牲者よりも、チェルノブイリ以来、ドイツ国内で広がってきた原発に対する不安の犠牲者の方が重要だったのだ。福島原発事故は、原子力エネルギーは制御することができないという考えを確認するものだった」と、分析している。

＊日本をライバル視する心理

ドイツの原発事故報道は、事実認識の甘さ、悲観的見通しの強調や、早急に倫理的な判断を下す傾向などで特徴付けることができるだろう。一言で言えば、英国メディアとの比較において見たように、経験的な事実を積み上げて帰納的に判断するのではなく、予断を持って演繹《えんえき》的に認識、判断しがちな傾向であり、さらに、そうした自分の認識のあり方に無自覚なことである。

一定の価値判断なしには、事象の認識すら不可能である。無限にある事象から一定の情報を選択し、一つの首尾一貫した記事に組み立てる作業は、価値を導きの糸としない限りできない。ただ、知的営為の質を決める一つの条件は、意識的にせよ無意識的にせよ、前提としている価値についての自己反省である。自分自身の拠《よ》って立つ価値についての自省と相対化を怠らず、自分の報道が、常に修正される可能性の下にある仮説に過ぎないことを自覚し、異論に対して開かれた知的誠実さを保つ必要がある。そして、自分の物語が成り立たない事象が加わったならば、新たな仮説に組み替えねばならない。そうした作業は無限のプロセスであるが、とりわけ報道においては、時間は限られている。したがって、7、8割は自分の価値に合致する情報を採用するにしても、残りの2、3割を異論の紹介に努めるやり方が、実際上は最も現実的な手法だろう。

多くのドイツメディアの日本報道は、こうした報道の基本的水準に達していない。むしろ、意図的に一定の方向に読者や視聴者を誘導しようとしているふしがある。

ＡＲＤラジオの東京特派員は、原発事故の際、本社から東電を批判するコメントを話してくれ、とたびたび要請を受けたという。特派員は「まず何が起きているのかきちんと報じたかったのだが、十分にできなかった」と反省していた。

また、２０２０年夏季五輪開催都市に東京が決まった、２０１３年９月７日の国際オリンピック委員会（ＩＯＣ）総会の際も、ＡＲＤ東京支局には、ドイツ本国から、福島第１原発の汚染水問題と開催都市の決定を結びつけて報じるように、という指示がたびたびあったという。

ドイツメディアの心理にまで踏み込むとき、こうした日本に関する偏した報道はどこから来るのだろうか。

報道の一つの機能として、読者や視聴者がそうであってほしい情報、読みたいもの、見たいものを提供する、という側面がある。ドイツメディアの背後には、日本や日本人に関するステレオタイプのイメージに合致すれば、納得し安心するドイツ人の読者、視聴者がいると思われる。

実証することはできないが、とりわけ１９８０年代以降、多くの産業分野（たとえば光学や半導体分野）で、日本の後塵《こうじん》を拝することが多くなったドイツ人が、日本の失敗を見て安心する、ある種の心理的補償の効果があったのではないか。

元駐ドイツ大使村田良平の回想録に、欧州課勤務時代、1960年頃のエピソードが記されている。村田のドイツ外交官の親友の一人ペーター・ショルツが退官後、上梓《じようし》した回想記を基にしながら語っている箇所である。

「(ショルツは)私(村田)の忠告と支援を得て……当時のディットマン駐日大使に対し、日本においてドイツ産業展を開くこと及び日本の経団連とBDI(ドイツ産業連盟)の定期対話を開くべきことを進言し……その旨の意見具申をボン政府へ行ったが、財界から一笑に付された……ランガー経済担当次官が、ディットマン大使の意見具申書をフォルクスワーゲン(VW)社に持参、呈示したところ、当時のVW社長ノルトホーフは憤りで顔面を真っ赤にして、怒気満々に『日本製の自動車がVWを追い抜くことなど未来永劫ありえない』と叫び、意見具申書を机から叩き落とした」*1

こうした、かつてのドイツ産業人の矜持《きようじ》を前提にすれば、原発事故を目《ま》の当たりにして、「日本は安全や国民の健康などを度外視して、生産活動を行ってきたから我々は後塵を拝したのだ」といった思考回路がドイツ人の頭の中で生まれた、と想像しても、あながち牽強付会とは言えないだろう。

さらに、日本人を倫理的に低いものと見なして、心理的補償を得る意識もあったのではないか。それは、ナチズム、とりわけホロコースト故に、国際社会からの厳しい道義的非難にさらされてきたドイツ人が、他に倫理的非難の対象を発見して安堵《あんど》する心理である。ドイツ人の目から見れば、原発事故を起こしたのにもかかわらず脱原発に踏み切れず、過去の負の歴史を反省せず近隣諸国との摩擦を解消できない日本人が、倫理的に悖《もと》る存在として一つながりに把握されるのではないか。この点は再度、第5章で考えたい。

3　原発を倫理問題として扱うドイツ

*ショックで凍りついたのはどっちか？

メディアの報道からドイツ社会の反応に話を進め、当時私が体験したいくつかの印象的な出来事に触れたい。

もちろん、当時ドイツからも日本の被災者に対して多額の義援金等が寄せられるなど、

*1　村田良平『村田良平回想録　上巻』ミネルヴァ書房、2008年、138頁

様々な支援があった。ただ、幾人ものベルリン在留邦人が「ドイツ人の知人から、放射能汚染にさらされている日本にいる家族を呼び寄せるよう言われた」と私に語った。ドイツ人のこうした反応に接し、不安に駆られた邦人も少なくなかったのである。

現代美術のキュレーター（40歳代の日本人女性）が、事故直後の3月16日に会った際、動揺した様子で、「東京ももう終わりですね。東京在住の友人にベルリンに来いと勧めたのですが、皆言うことを聞きません」などと、目に涙を浮かべながら訴えていたことを思い出す。

4月25日、40歳代の女性フリージャーナリストの話を聞いた。父親がドイツ人、母親が日本人。彼女はドイツ国籍だが、幼少時、日本で育ったこともあり、両国の事情に通じている。

事故発生当初、彼女は原発事故の深刻さを伝えるドイツでの報道を基に、日本にいる親戚に電話をし、ドイツに避難するように説得した。しかし、そんな必要はない、と皆断る。やがて、東京の住民は、死の恐怖やショックのあまり、なすすべがなくなった、などの報道が事実を伝えていないことに気づいた。それからは、怒りの矛先がドイツのメディアに向いた、という。彼女は、特に「放射性雲が東京を襲う」といった「シュピーゲル」誌（電子版）の記事に憤りを感じ、次の様な抗議の投書をした。

「何が福島で本当に起きているのか知るのは難しいが、死の恐怖という言葉は福島を表現するときには正しい使い方と言えるだろう。津波から逃げた人々は確かに死の恐怖を感じただろう。しかし、東京の人も不安に思っているが、ショックのあまり凍りついたようになってはいない。それはあなた（「シュピーゲル」誌）のサイトのことだ」

次は、彼女と会ったときに交わした会話の要約である。

「ドイツの報道には失望した。公共放送なのにＡＲＤ、ＺＤＦの報道がひどいのだ。最悪の事態の想定のみを報道するのはいたずらに不安をあおる。落ち着いたＢＢＣの報道とはまったく違う。なぜそうなのか。ナチ時代の体験からドイツメディアは政府に対しては何でも批判的だ。日独両方の事情に通じているが、今回の件ほどドイツ人がいやになったことはない。町でドイツ人の友人に会うと私を抱きしめて泣くのだ。そんな心配はない、とどれだけ説明しなければならなかったことか。傲慢《ごうまん》さも感じる。何を言っても修正することはしないだろう。ただただ放射能の危険を強調するのは問題だ」

一方で、日本政府や東電の対応に批判的な日本人もいたことも指摘しなければならない。当時ドイツに留学していた日本人の若者を日本に帰国させせない運動を始めた女性、ドイツの脱原発についての情報を提供するインターネット・サイトを設立した女性などである。

しかし、概してドイツ人の極端な対応に戸惑いを覚えた日本人が多いように思える。知り合いのベルリン在住の日本人女性デザイナー（65）も次のような体験をした。

地震発生から5日ほど経ったある日の午後8時頃のことだった。ベルリン市内の電車に乗って席に座ったところ、隣に座っていた中年ドイツ人男性が「日本人か。最近日本に行ったか」と聞いてきた。女性はたまたま10日間の一時帰国から帰ったばかりだったため「行った」と答えたところ、男性は「あなたは被曝しているかも知れない」と言って離れた席に移っていった――この女性は「放射能汚染の深刻さばかりを強調する報道に毎日接しているので、一部のドイツ人はパニックに陥っている」と憤懣《ふんまん》やるかたない様子だった。

原発事故後、ドイツの多くの芸術家が、放射能汚染を懸念して訪日をキャンセルした。それは、一部の例外を除き、欧米の芸術家に共通した振る舞いだったが、ドイツ人の反応はとりわけ過敏だった。

一例を挙げれば、バイエルン州立歌劇場（ミュンヘン）の２０１１年9月の訪日公演に際し、当初参加を予定していた団員約４００人のうち約１００人が、放射能汚染を理由に訪日を拒否した。訪日しなかった団員は、歌劇場側から提示された4週間の無給休暇を取ることにしたという。

歌劇場側は、訪日公演参加団員に対しては滞在期間中、ドイツから運んだミネラルウオーターを一人一日あたり3リットル配布、放射線医学専門医を同行させた上、ホテルの食事は食前に放射線量測定を行う——などを約束した。

日本全体が放射能汚染されているかのごときイメージは相当長く持続した。2013年10月、東京で開かれたあるパーティーの席で、日本の中国研究者に会った。最近、アジア情勢に関するシンポジウムに出席するために訪独したとのことで、次の様なドイツ体験を語った。

「ドイツ人学者が皆、あまりに『上から目線』なのにびっくりした。日本人は、原発事故もきちんと処理できない、近隣諸国との歴史問題も解決していない、とんでもない人々だ。ドイツを見習いなさい、というわけだ。また、友人であるドイツ人の中国学者が、最近日本にやってきて、日本人が生き生きと活動しているのにびっくりした、と言っていた。日本人は経済不況と原発事故で意気消沈している、と想像していたというのだ。それを聞いた私の方がびっくりした」

＊「風車100基より原発1基の方がいい」

ドイツメディアの反原発のイデオロギー性は、ドイツ社会の傾向の反映である。ただ、メディアが形成する言語空間に比べれば、一般のドイツ人の反応や意見にはもっと幅がある、と感じる。

２０１１年４月３日、ベルリン市内で行われたチャリティーコンサートの会場で会った、おそらく50歳前後のドイツ人女性は、「東京ブリティッシュ・スクール（英国学校）で教員を務めている英国人の友人に電話して、ベルリンに逃げて来いと言ったのですが、彼女から、子どもたちを置いてそんなことはできない、と断られました」と語った。ドイツメディアが報じるのは、東京を離れる日本人、日本を脱出するドイツ人の話にほぼ特化していた。そうした中で、このドイツ人女性は、友人の発言に強く印象づけられたのだろう。

２０１１年９月に、ドイツワインの主要産地であるドイツ南西部ラインヘッセン地方の４００年近く続くワイン醸造元を訪れた。醸造所の現当主オリバー・ヤンゾン（33）との取材中の雑談で、原発事故のことに話が及ぶと、「私は風車１００基をブドウ畑の周辺に建てられるより、原発１基で必要な電力をまかなってくれた方がいい」と言い切った。確かにワイナリーの周辺は、なだらかな丘陵にブドウ畑が広がる、ドイツの美しい光景の一つの典型である。このブドウ畑を回りながら、その年のできたてのワインを試飲するツアーに参加したのだが、ヤンゾンの景観に対する強い愛着を十分理解できた。

２０１１年７月７日、ベルリン日独センターで、震災、原発事故を巡る日本、ドイツの報道を検証する「東日本大震災と新旧メディアの役割――日独における地震報道に関する比較の視座」と題するシンポジウムが開催された。そこに私は発言者の一人として出席し、日本の特派員の目から見たドイツメディアの原発事故報道への評価として、①センセーショナリズムと偏向、②日本における取材力の不足、③日本人への共感の不足――の３点を指摘した。基本的にこれまで本書で述べてきた内容だ。

率直に話したので、ドイツ人から反発を受けるのでは、と内心恐れたのだが、反応は逆だった。会場のドイツ人から、「ドイツメディアはヒステリックな報道を続けた」と批判的な発言が相次いだのである。私の話が終わるとドイツ人男性数人が話しかけてきて、一人は、「ドイツ人記者の多くが、緑の党の支持者であることを知っているか。その点を指摘すればもっとよかった」と言った。

ドイツ国際政治安全保障研究所（ＳＷＰ）の日本研究者マルクス・ティーテンに２０１１年３月18日にインタビューしたが、バランスのとれた分析が印象的だった。

「原発事故に関しドイツメディアの報道は、日本の危機管理、情報発信に対し極めて批判的だ」との認識を述べた上で、その原因として３点を挙げた。

第１に、反原発世論はドイツ国内で非常に強く、原発事故後、脱原発がすぐに政治問題化したが、メディアもそれに巻き込まれた。第2に、ドイツメディアには日本を知る記者はほとんどいない。いきなり日本に取り組み、ツイッターなどで様々な情報に接する。日本の大手メディアの落ち着いた報道と比較して、どの情報が信用できるか区別できない。第3に、危機に際して、ドイツ人の持つ日本に対する先入観、偏見が表面に出てきた——。当時私が受けた印象とほぼ重なる。

＊良識派は沈黙する

最後にドイツ社会に対する鋭い省察を見せるジャーナリストを紹介したい。

震災直後、経済週刊誌「ヴィルツシャフツヴォッヘ（経済週間）」のロラント・ティヒー編集長が、2011年3月21日号に掲載したエッセイ「日本の大災害、日本の友人へ」を読んだときは、こんな風に受け止めるドイツ人もいたのか、と心底驚いた。

同記事を抄訳すると次の様である。

「この未曽有《みぞう》の大惨事に直面したときの、多くのドイツ人の振る舞いを非常に恥ずかしく思う。ドイツ政府は非常事態を発令した。我々の頭の中以外にどんな非常事態があったというのだろう。人々はヨード剤とガイガーカウンターを買う。公共テレビでは黙示録的な惨禍が呼び起こされる。ドイツの政治家は、この差し迫る原発の大災害から、ちっぽけな、政党上の利益を引き出す。私はクラウディア・ロート（緑の党党首）について謝りたい。彼女は人間の鎖に参加し、くすくす笑いながらガーガー騒ぎ立て、選挙戦を有利に戦えるという喜びを隠すことができない。私は日本の首相のせいで情報が自分のところに伝わらない、と文句を言う閣僚の一人（おそらくテレビ等で日本政府の情報伝達が不十分と発言していたノルベルト・レトゲン環境相を指していると思われる）について謝罪したい。彼はあたかも日本の指導者たちが、ドイツの神経質な精神状態にかまっている時間があるかのように主張するのである」

「ドイツは議論をしているうちに、自らパニックに陥っているのだ。しかし、我々には同情の念や、ともに苦しみ、被災者に対し配慮する能力に欠けている。私は日本国民の落ち着いた様子に賛嘆する。それはドイツでの興奮した大騒ぎとは対極にある。我々は、利己的で自己中心的で、なかんずく薄情な、不作法な子どものように振る舞っているのだ」

「しかし、私を信じてほしい。ドイツには別の人間もいる。彼らは黙っているだけだ。彼らは途方もない苦しみの映像に心を動かされている。彼らは日本の技術者や兵士（自衛隊員）たちの無私の精神に直面して、へりくだっているだけだ。彼らはその無私の精神で、最悪の事態を防ぐために、健康と生命を危険にさらしている。あなたたちに同情しているドイツ人は、演説することはないし、勝利に酔うこともない。我々が正しいと言おうとは思わないし、どう大災害に対処すべきかなどと教えを垂れようとも思わない。我々は同情を寄せつつ静寂を保っている」

ティヒーはテレビの討論番組にもよく登場する経済専門のジャーナリストである。2013年3月4日、デュッセルドルフに取材に行った折、「ヴィルツシャフツヴォッヘ」本社編集長室で話を聞いた。インタビューをやや詳しく紹介したい。

——原発事故後、ZDFのニュースを見ていたが、最初にコメンテーターとして登場したのが、環境団体「グリーンピース」の専門家だったのには驚いた。

「ドイツでも本来はありえないことだ。しかし、ドイツの公共放送は、緑の党本部の支部と化した。専門家は事故を起こした原発の内部を覗《のぞ》いたわけではない。それゆえに、間違った情報がたくさんあふれている。しかし、こうした状況に異議を唱えることは難しく、誰もそれを行っていない」

「私は現在稼働している原発はできるだけ長く稼働し、自然エネルギーは減らさねばならないと信じる。現在のところ、ドイツ産業界は本当の損害をまだ被っていない。高騰する電気料金の軽減措置を受けているからだ。消費者が（買い取り制度に基づき）賦課金を負担している。すでに電気の供給を受けられない人々が何十万人と生まれている。（電力を多量に消費する）化学産業などはドイツ国内に投資することをすでに止めている。これほどまで気まぐれで無計画的に、大きく政策が変わってはエネルギー産業も新たな投資ができない。中部ヨーロッパで数週間、停電が起きる可能性は十分考えられる。島国日本の状況はドイツより困難だ。ドイツはヨーロッパの電力システムの一部なので、足りない大きな部分をフランスやチェコの原発からの電力で埋め合わすことができる」

――なぜ緑の党がこれほど強いのか。

「緑の党は12％前後の支持を得ているに過ぎない。半分くらいの国民は投票しない。というのは、メディアと緑の党の連合は、国民の大半にとっては無縁な、かれら独自の現実を作り上げているからだ。他の政党も、メディアの世界における緑の党の独占状態に迎合して、独自の立場をとるよりも、緑の党の立場を受け入れねばならない、と考えている。とりわけ、公共放送や多くの新聞が緑の党の手中にある。そのことは、経済に顧慮することなくエコロジー的に考える社会への価値転換を招来している。しかし、人々はそれについていけない。だから投票にも行かないのだ」

「ドイツの特殊性がある。ドイツが自国史を極めて根本的に清算したことに関わる。政治における勘違いの道徳、倫理があまりに強く生活を縛るようになってしまった結果、現実的、経済的な損失を度外視して、道徳的な概念で物事が処理されるようになった。原発の潜在的な危険性に異論を唱えるのはばかげている。問題はドイツの具体的な現状のもと、危険を制御することができるか、あと数年、原発を存続させることができるかどうか、ということだ。原則の問題ではなく、実際の問題だ。しかし、ドイツでは実際問題が実際的に対応されるのではなく、原則的に対応される。それはまさにドイツの過激主義、凶暴さだ。原発事故の後の結果は、そこに起因していると私は見ている。倫理の過剰な強調に誰も対抗できない。ドイツ人はそのような理想主義的な解決を求める危険を常に犯している。ロマン主義的な考えが、政治や経済の分野にまで浸透すると、すでに何度か歴史的な悲運に見舞われたように、危険だ」

「脱原発の決断が『安全なエネルギー供給に関する倫理委員会』(福島第1原発事故の直後、メルケル首相が設置した諮問委員会)で行われたのは、特異なことだ。『倫理委員会』はもともとロマン主義的に美化した決断しかできない。常に意識的に原発に反対してきた人間が多数を占めていた。本来なら技術的、経済的視点から、つまり該当するテクノクラートによって判断されねばならない問題が、（倫理委員会に参加していた）プロテスタント教会（の牧師）によって判断される、という奇妙なことが起こったのだ。それはあたかも、日本でならば、同じ決断が神社の神主によって行われるようなものだろう」

「かくして、原発の問題はあたかも代替宗教の問題のように見なされたのだ。あたかも宗教に代わる性格を持つかのように、ドイツ現代史に関連づけられて。それは我々はいつか世界で最も優れた人になりたい、最も善良な人になりたい、という疑似宗教の性格を帯びたイデオロギー的な議論だ」

2013年3月4日、デュッセルドルフでインタビューに答えるティヒー氏

緑の党に関する指摘はやや極論と思うが、負の歴史を背負ったドイツ人が、その反動で世界で最も善良な人になりたいと願い、そのことが本来は実務的に解決すべき問題を、

まるで疑似宗教として倫理的に扱おうとしている、とのティヒーの指摘は本質的だと思う。しかし、こうした自己認識を持っているドイツ人は言うまでもなく、少数派である。

第2章

隘路に陥ったエネルギー転換

前章で詳述したドイツに渦巻いた日本の福島第1原発事故報道のセンセーショナリズムは、エネルギー政策の急転換に結びついた。しかし、この「エネルギー転換」が、今大きな壁にぶつかっている。電気料金値上げを抑え、安定した電気の需給システムを維持できるかどうか、その上で、2022年までの原発全廃を本当に実現できるのか、危ぶまれているのである。それは、ドイツが自分自身が懐《いだ》いた夢に自縄自縛となっている姿である。

1　原発推進を掲げる政治勢力は存在しない

＊自然エネルギーを80％に

福島第1原発事故4日後の2011年3月15日に、メルケル首相は、国内17基の原発のうち、1980年以前に稼働開始した古い原発7基と、事故で以前から稼働停止中だった1基の計8基を暫定的に稼働停止することを発表した。

その後、「安全なエネルギー供給に関する倫理委員会」という、幅広い有識者を集めた原発の存廃に関する検討委員会を設置し、その委員会の結論を基に、メルケルは2011年5

月30日の連立与党間の協議で、2022年末までの原発廃棄を決定した。その方針を盛り込んだ改正原子力法は6月30日、連邦議会（下院）で可決された。

同法には、暫定停止中の8基をそのまま廃止、さらに残りの9基も2022年末までに段階的に廃止する工程が定められている。15、17、19年にそれぞれ1基、21年に3基、22年に3基を廃止するとのスケジュールだ。

一方、風力、太陽光などの自然エネルギー（再生可能エネルギー）普及に関しては、原発事故に先立つ2010年、後述する原発稼働延長と同時に、その電力消費量に占める割合を、20年までに35％、30年までに50％、50年までに80％とする目標を掲げている。地球温暖化対策も考慮した長期計画だった。

脱原発と自然エネルギー普及を並行して実現しようとする「エネルギー転換」である。

メルケルによる急激な原発政策の転換ではあったが、ドイツの脱原発には長い前史がある。脱原発政策は、社会民主党（SPD）、緑の党の連立によるゲアハルト・シュレーダー政権が、2000年6月、電力業界との間で基本方針について合意した。2002年には合意に基づき、新規原発建設を行わず、現在稼働している原発については稼働期間を平均32年間とし、2022年までにすべての原発を廃棄することを法制化した。

ただ、シュレーダーとメルケルによる決定には、大きな違いがある。

「はじめに」で言及した「エネルギー機関」(dena)のコーラー代表は2012年10月29日、ドイツ外国特派員協会(VAP)主催の勉強会で、次のように説明した。

シュレーダーの決定は、それぞれの原発間で、残りの稼働期間を融通し合うことができるようにした。つまり、ある原発の稼働期間を別の原発に振り替えれば、想定された2022年を超えて、原発存続は可能との見方もあった。メルケルの決定は本質的に違う。個々の原発の廃棄の日程を確定した。2022年の脱原発は、少なくとも計画としては不可逆的な国家の方針となった——。

コーラーによると、2000年の脱原発合意を大手エネルギー企業は真面目には受け取らず、それを可能にするための準備は行われなかった。というのは、当時の野党であるキリスト教民主・社会同盟(CDU・CSU)、自由民主党(FDP)がいずれ政権を奪取すれば、この合意は撤回なり修正される、と見なしていたからである。

そして実際にメルケルは、原発稼働期間延長の方向にいったんは舵《かじ》を切った。

CDU・CSUとFDPの連立による第2次メルケル政権において、2010年9月5日、原発稼働を平均12年間、延長することで与党間で合意し、12月に原子力法を改正した。

当時稼働していた17基の原発のうち、１９８０年以降建設された新しい原発については14年間、残りは8年間の延長を認め、その結果、すべての原発が廃棄されるのは、２０４０年頃まで延期されることになった。

＊全政党が脱原発を支持

これに対し、ＳＰＤや緑の党などの野党や反原発団体は反発し、世論もおおむねメルケルの決定に批判的だった。緑の党の支持率が上昇し、２０１０年10月には世論調査機関フォルザの調べで、それまでで最高の25％に達したのは、当時の雰囲気を物語る。

ただ、何事もなければ、原発の稼働延長方針がそのまま継続したであろう。日本の福島第1原発事故が、ドイツのエネルギー政策のすべてを変えた。

3月26日には、ベルリン、ハンブルク、ミュンヘン、ケルンの4都市で計約20万人（警察発表）が参加し、ドイツの原発稼働停止を求める大規模なデモが行われた。参加者は「フクシマ（福島第1原発事故）は警告する。すべての原発の稼働停止を」などのスローガンを掲げ、各市内をデモ行進した。翌27日の南西部バーデン・ビュルテンベルク州の州議会選挙を意識した大衆行動でもあった。

メルケルの迅速な脱原発決定は、この選挙を念頭に、緑の党に支持が流れる潮流を押しとどめる政治的な狙いもあった。しかし、それは不首尾に終わる。緑の党が前回比でほぼ倍の得票率で第2党となり、第3党のSPDと連立を組んで、5月12日にヴィンフリート・クレッチュマンが、緑の党としては初めての州首相に選出された。

メルケルの方針転換を、SPD、緑の党の野党も支持した。かくして、ドイツでは政党レベルで大きな合意が形成され、もはや原発推進を掲げる政治勢力はなくなった。コーラーによれば、「エネルギー転換のような大規模なプロジェクトは、政党横断的な合意が必要だが、それが福島第1原発事故の後に実現した」のである。

メルケルによる今回の脱原発方針には、シュレーダーのときのような逃げ道は、もはやない。ドイツの脱原発は、真に現実的な課題となったのである。脱原発決定の直後から、電気料金高騰の懸念などが急浮上した。

２　急速な自然エネルギーの普及

＊全国津々浦々に風車が林立

ドイツでの自然エネルギー普及の制度的な柱は、固定価格買い取り制度である。日本でも２０１２年７月に開始されたので、日本人にもなじみのある制度となった。

ドイツの現行の買い取り制度は２０００年に始まり、自然エネルギーで発電した電力を優先的に買い取ることを、電力供給事業者に対し義務づけている。買い取り価格は通常の電気料金より高く設定され、20年間は同額が保証される。

事実上、補助金を与えて、自然エネルギー発電施設を増やそうという狙いだ。ただ、この買い取り費用は、公的財源でまかなわれるのではなく、電力供給事業者が「賦課金」として、電気料に上乗せして消費者に転嫁する。

確かに制度の狙い通り、自然エネルギー発電施設の普及は進んだ。

１９９０年からの統計を見ると、ほぼ一貫して自然エネルギーの発電量は増加している。特に２０１１年以降、大きく伸びており、自然エネルギー全体の発電量は、２０１０年の１

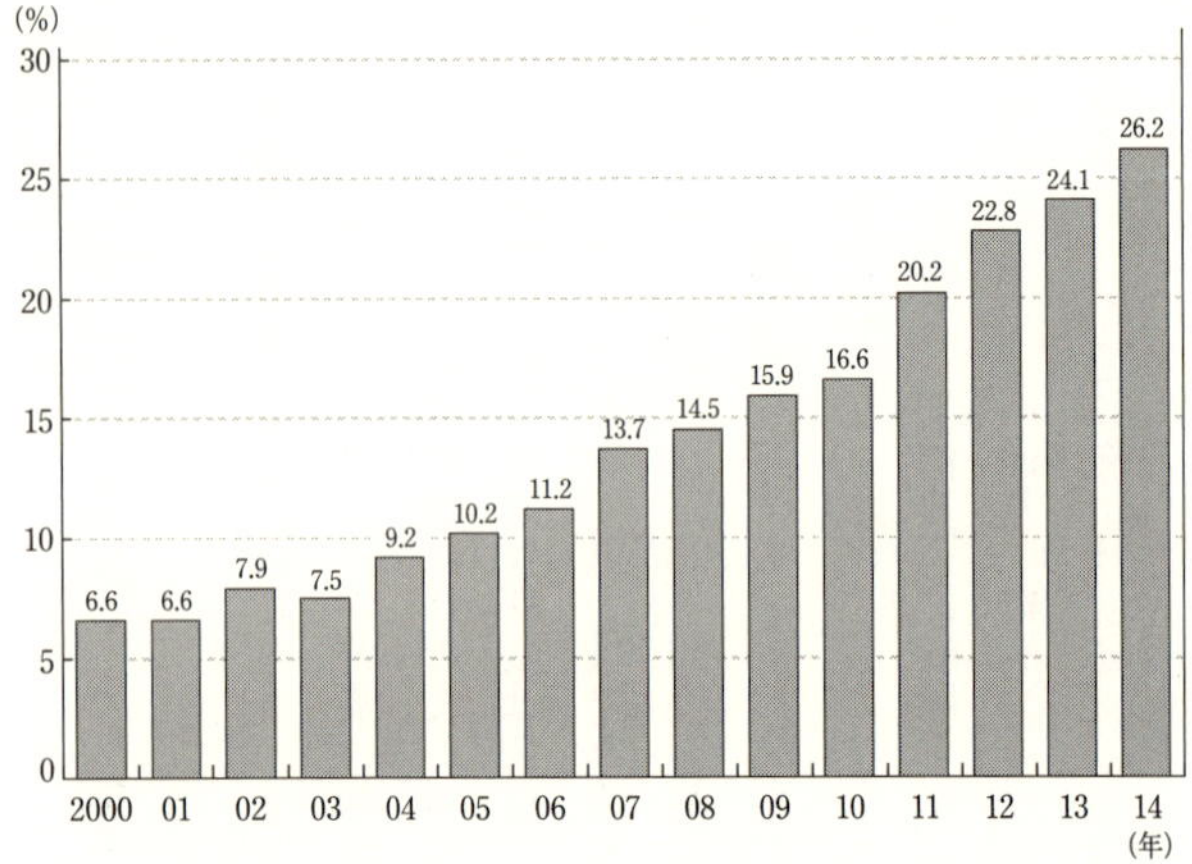

図１　全発電量に自然エネルギー（再生可能エネルギー）が占める割合（2000〜14年）
出典：独連邦統計局

億４８０万メガワット時（総発電量に占める割合16・６%）から、14年の１億６０６０万メガワット時（同26・２%）に増加した。

一方、原子力発電の割合は２０１０年の22・２%から、11年17・６%、12年15・８%、13年15・４%、14年15・８%と比重が下がっている。

自然エネルギーの内訳を見ると、２０１４年で、風力発電が最も多く５６００万メガワット時、次いでバイオマス４３００万メガワット時、太陽光発電３４９０万メガワット時である。

自然エネルギーで最も割合が多い風力発電は、２０１２年末時点で、ドイツ全土に２万３０３０基の風車があり、すでに３万１３０７メガワット（原発１基当たりの出力を１２００メガワットとして約26基程度）の出力がある。ただし、あくまでも最大出力を示すワット数であり、常時、最大出力を可能とする適度の風が吹くわけではない。風力発電の稼働率を示す信頼できるデータはないが、太陽光発電の場合は、稼働率は10～20％に止まる。

ただ、風力発電の普及は、風車の光景がドイツではすっかりありふれたものとなったことからも実感できる。ドイツ国内を旅すれば、巨大な風車の姿が視界に入らない方が珍しいと思えるくらいだ。飛行機の窓から見下ろせば、マッチ棒のような風車の群れを随所に目にすることができる。

すでに、陸上は立地上の限界に近づいており、１年間に新造された建設数は２００２年の約２３００基をピークに減少傾向にある。建設の比重は、洋上風力発電所に移っている。北海やバルト海は遠浅で、陸地から40キロメートル以上離れたところでも、海底固定式の風力発電所の設置が可能という事情もある。

＊沖合40キロメートルの巨大発電基地

２００９年8月18日、ドイツ北部ボルクム島沖の北海で、当時建設が進んでいた巨大な洋上風力発電基地を取材した。

2009年8月18日、建設が進む北海の洋上発電施設「アルファ・ヴェントゥス」

オランダ国境に近いエムデンの飛行場で救命胴衣を着用し、大手電力会社ヴァッテンファルのルッツ・ヴィーゼ広報官、ドイツ人ジャーナリストらと小型ヘリコプターに乗り込んだ。日差しが強く、風が穏やかな夏の一日で、ヘリコプターは順調に飛行を続け、約30分でボルクム島の45キロメートル北方に、風力発電基地「アルファ・ヴェントゥス」の風車群が姿を現した。

管理棟などが入った洋上ヘリポートに降り立つと、３６０度、陸地の影はなく、水平線が広がる。間断なく吹き寄せる風速毎秒10メートルの風が心地よい。

風車は水深30メートルの海底に基礎を築き、海面上の高さは約１５０メートル（ほぼ霞が関ビルの高さ）。計画されているアルファ・ヴェントゥスの風車の数は12基。この時点でそのうち５基が完成し、風を受けてゆっくりと羽根を回転させていた。

洋上風力発電は、すでにデンマークや英国の北海沖で始まっていたが、ドイツの北海沖は、両国に比べれば水深が深いなど条件が悪い。ヴァッテンファルなどのエネルギー関連会社が企業体を設立して建設を開始したのは２００６年。アルファ・ヴェントゥスが、洋上風力発電基地の初めての建設であり、パイロットプロジェクトの意味を持っていた。

洋上発電所のメリットは、洋上では陸地に比べ強く一定の風が吹き、比較的安定した発電が可能なことや、陸上から風車は見えず、景観や騒音問題とは無縁なことである。同じ北海でも10キロメートル沖合での設置計画に対しては、景観を破壊すると反対運動も起きた。

政府の計画によると、２０２０年までに原発８基程度に当たる１万メガワットの洋上風力発電所を建設する。総発電力の10％にあたり、エネルギー転換の成否を握るプロジェクトに位置づけられている。

問題は膨大な建設コストで、当時から大きな懸案だった。アルファ・ヴェントゥスも建設費は総額２・５億ユーロ（約３５０億円）にのぼり、同じ発電能力の風車を陸上に設置する場合に比べ４倍以上、維持費も２、３倍かかると見積もられていた。ヴィーゼも「採算が合わないと撤退した企業もある」と語っていた。

「シュピーゲル」誌（２０１３年9月2日号）によると、買い取り価格は１キロワット時当たり19セントと、陸上風車に比べ２倍の価格に設定され、政府が債務保証している。しかし、こうした好条件を準備しながら、その時点までに建設され、電力供給を行っている洋上風力発電施設は全部で89基の風車、計３８５メガワット、計画のわずか４％弱に過ぎない。

＊旧ソ連軍基地の滑走路に太陽光パネル

太陽光発電は、安価な中国製の太陽光パネルが出回ったこともあり、設置数が爆発的と形容しても誇張でないほど増えた。太陽光発電量は２０１０年１１７０万メガワット時、14年３４９０万メガワット時と、４年間で約３倍になった。05年の１３０万メガワット時に比して約27倍と、まさにうなぎ登りの増加だ。

旧東ドイツ地域には、大規模な太陽光発電施設が建設されている。２０１１年5月23日、ザクセン州ブランディスにある、東ドイツ時代のソ連軍飛行場を利用して建設された施設を取材した。

ライプチヒから車で30分走り、森を通り抜けると黒光りする無数のパネルが、幾列にも並んでいた。中堅のエネルギー会社「ユビ」社が、１億３０００万ユーロ（約１８０億円）をかけ約2年で建設し、２００９年に稼働を開始した太陽光発電施設である。

広報担当のシルビア・ハム（47）が、１１０ヘクタールの敷地を車で案内した。２キロメートルの長さにかつての滑走路が延び、それに沿って並べられた55万個もの漆黒のパネルが、太陽の光を鈍く反射させている。施設の一角に発電量などを示す掲示板が設置され、数字が刻々と上がっていくのを見ることができた。年間発電量は４０００万キロワット時で、１万世帯の電力をまかなえる発電能力がある。

ただ、発電は日照時間や気温など季節や天候に左右される。気温が上がりすぎても発電効率は落ちる。パネルの表面の汚れも問題だが、清掃するにはコストがかかるため、降雨によって洗い流されるのを待つ、という。これまでの１日の発電量の最高記録は、２００９年４月に記録した27万キロワット時だが、平均は11万キロワット時程度だ。

ハムによると「稼働開始したときは世界で最も大きな太陽光発電施設だったが、今ではここを上回る規模の発電施設が、ドイツ国内でもすでに2か所稼働している」とのことだった。

＊14年間で電気料金が2倍に

自然エネルギーの発電量が急速に増えるのに伴い、必然的に買い取り総額はふくれあがっている。

２００５年に45億ユーロだった買い取り総額は、14年には２００億ユーロにまで急増した。買い取り価格は、技術の普及、市場価格の動向に合わせて低下させていくことになっているが、自然エネルギーによる発電量が今後も増えることから、当面、買い取り総額は増え続ける。２０１７年には２５４億ユーロに達する見通しだ。

２００５年から11年の６年間の伸びを見ると、自然エネルギーの発電量が１・７倍増なのに比して、買い取り総額は３・５倍増と急増ぶりが目立つ。その最大の原因は、買い取り価格が高い太陽光発電の急増にある。

太陽光発電の買い取り額は２００５年６億８０００万ユーロから、13年には約１００億ユーロと増加が著しい。太陽光発電の買い取り額が自然エネルギーの買い取り総額に占める割合は、05年15％、11年47％、13年54％と増え続けている。一方、太陽光発電量が自然エネルギー発電量に占める割合は13年の場合、26・２％に過ぎない。

「好天が続き太陽光発電が効率よく発電すればするほど、消費者の負担は増大する」（「シュピーゲル」誌）という状況が生まれている。

買い取り額が増大すれば当然、電気料金は上昇する。「エネルギー・水《みず》産業連盟」（ＢＤＥ

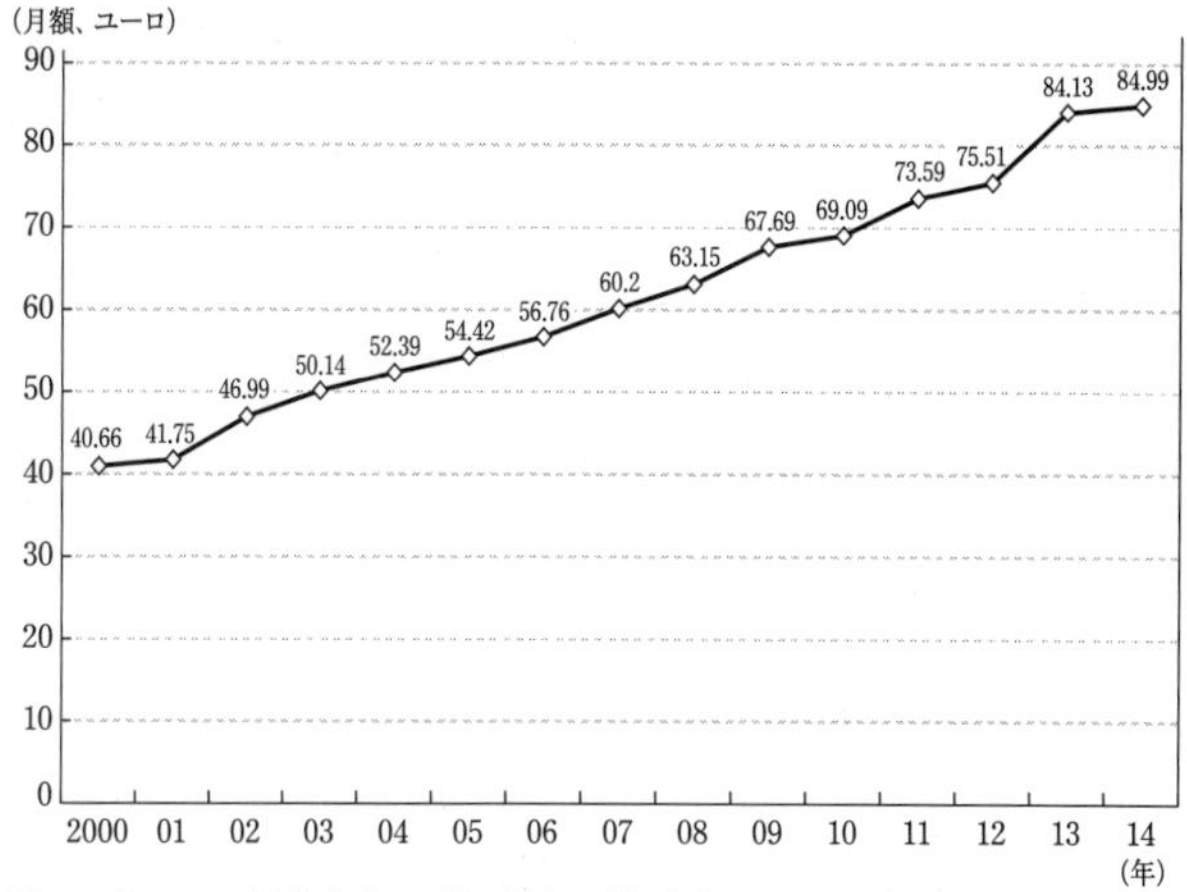

図２　ドイツの標準家庭の電気料金の伸び（2000〜14年）

出典：独エネルギー・水《みず》産業連盟（BDEW）

W）の資料によると、家庭用の電気料金は2000年から一貫して上昇している。

2014年の電気料金は、年間3500キロワット時を消費する3人家族の標準世帯で、年間1019・88ユーロ（約14万円）にまでなった。2000年の487・9ユーロに比して、2倍強である。

この間、発電、送電、販売のコスト、いわば電気そのものの料金が約60％の上昇なのに対し、買い取り制度による賦課金や環境税など付随する料金が約190％の上昇となっている。特に最近6年間は、電気そのものの料金はほぼ横ばい。値上げの主因は、賦課金の値上げである。

2011年の統計だが、ドイツの家庭向け

電気料金は、１メガワット時あたり３５２ドル、経済協力開発機構（ＯＥＣＤ）加盟国でデンマークに次いで2番目の高額で、日本に比して3割以上高い。一方、工業向けは、電気を多量に消費したり、輸出競争力を確保しなければならないアルミ産業、鉄道などは、賦課金を軽減されるなどの優遇を受けている。したがって、１メガワット時当たり１５７ドル、ＯＥＣＤ加盟国で6番目の水準だ。日本の１７９ドルに比べると1割以上安い。

最も深刻な影響を被るのは、低所得者層だ。同誌の報道によると、消費者保護団体の調べで、すでに電気料金滞納で電気を止められた家庭は年間30万世帯に達する。貧困者救済の組織の中では、「電気貧困」という言葉が使われている、という。

3　不安定化する電力需給システム

＊２０００年かかる「エネルギー転換の生命線」建設

ベルリンから中距離電車で北東に向けて約1時間。旧東ドイツ・ブランデンブルク州ウッカーマルク地方。２０１２年2月6日、零下20度近くの極寒の中で、送電線反対運動のリーダーの一人ハルトムート・リントナー（65）と、高圧送電線の建設予定現場を見て回った。

下車したのはコリーンという小駅で、リントナーが自家用車で迎えに来ていた。彼は西ベルリンのギムナジウム（中等教育機関）の歴史教師だったが、退職後、この地に移り住んだという。

生物保護区に入り森を突っ切ると、小高い丘の向こうに延びている高圧線が視界に入った。車を降りて鉄塔まで、積もった雪を踏みしめながら近づく。古びた鉄塔は１９５０年代、東ドイツ政府によって建設された。計画では、この東ドイツ時代に設置された高さ29メートルの鉄塔を、場所によっては2倍の高さにし、３８０キロボルトの高圧線を渡す。区間はベルリンの北東に位置するプレンツラウという町からベルリン近郊までの１５０キロメートルにわたる。

リントナーは２００８年に反対運動の市民団体を組織し、署名活動などを行ってきた。「反対理由の第1は自然破壊。生物保護区にはたくさんの鳥が生息している。鉄塔が高くなることで、鳥が電線にぶつかり死ぬケースが増える。第2に、鉄塔が高くなることによる景観の破壊。第3は、電磁波による健康被害への懸念だ。向こうに見える民家には皆人が居住している」と鉄塔の近くの民家を指さした。

ただ、高圧線を通すこと自体には反対していない。リントナーらの主張の要点は、高圧線の地中化だ。鉄塔の下には板で作った黄色い矢印が立てられている。「矢印が下を向いているのは、高圧線は地下に埋設せよ、という意思表示。しかし、送電会社は建設費が３～６倍になると主張し受け付けない」とリントナーは語気を強めた。

そして「環境を守るための自然エネルギーへの転換が、環境破壊をもたらすのは矛盾している」とつぶやいた。

専門家の意見が一致するのは、エネルギー転換を成功に導けるかどうかのカギは、ドイツの南北を結ぶ高圧線を建設できるかどうかにかかっているという点である。

ドイツでは風力発電所は主に北部に立地し、今後大規模な洋上風力発電所建設が進む。人口密度が低く、風力や太陽光の発電施設建設に適した立地条件は北部にあり、南部は人口密度が高く、場所の余裕は少なく、住民はこうした施設建設に反対する。しかし、ドイツの現在の産業の中心は南部に偏っており、電力需要が大きい上に、原発の多くも南部に立地するため、段階的廃止によって電力供給に穴があくことは必至だ。

ドイツは地域ごとに大手送電会社（送電系統運用者）の「50ヘルツ」「テネット」「アンプリオン」「ＴＮＧ」４社が高圧送電線を運営している。エネルギー転換決定を受けて、この大手送電会社４社は２０１２年５月、新たな「送電線開発計画」を発表した。それによると、転換実現のためには、既存の送電線４４００キロメートルの改修、高圧送電線など３８００キロメートルの新設が必要で、建設費用は２００億ユーロ（約２兆８０００億円）に上る。しかし、高圧線建設は中部テューリンゲンの森を通す計画など全国の少なくとも4か所で、大規模な反対運動に遭遇して立ち往生している。

「シュピーゲル」誌（２０１３年12月7日付電子版）の記事「送電線建設は１キロメートルも進んでいない」によると、早急に建設しなければならない送電線は１８５５キロメートルだが、２０１３年中には１キロメートルも建設されなかった。それまでに建設された２００キロメートル程度で足踏みしている状態だ。

電力大手ヴァッテンファル幹部のライナー・クナウバー（43）も、私が２０１１年5月26日に行ったインタビューで、「向こう10年間で高圧線を３６００キロメートル建設する必要があるが、年間20キロメートル弱しか進んでいない。このままでは２００年かかる」と嘆いていた。

＊綱渡りの電力需給バランス

電気は常に需要と供給を一致させねばならない。日々の需要は、平日か休日か、天候、気温などによって左右される。この電気の性格上、その日の需要を想定し、運転予備力を確保しながら発電を進めねばならない。

自然エネルギーの出力は、当然のことながら、天気に大きく左右される。雲が出て風が吹かなければ、発電量は落ち込む。そうした条件で強い寒波に襲われれば、需要は急増し、電力不足に陥る。逆に、天候が好条件な上、クリスマスなどの休日で需要が少ない場合は、電気が過剰に送電線に流れ込む。自然エネルギーが普及すればするほど、需給バランスの調整は難しさを増すことになる。

ただ、ヨーロッパの電力需給は一国で完結していない。送電線が国境を越えて結ばれ、各国間で普段から電気の輸出入が行われている。したがって、仮にドイツ国内で電気が不足しても、周辺国から電気を輸入してまかない、電気が過剰になったときは、周辺国へ輸出して問題を回避できる可能性がある。かねて指摘されているように、ドイツが脱原発に踏み切ることができる一つの背景がそこにある。ただ、そうした条件にあるドイツでも、調整の困難さは次第に増している。

ベルリン郊外ノイエンハーゲンにある、旧東ドイツ地域の高圧送電網を運営する大手送電会社「50ヘルツ」の「送電管理センター」(給電指令所)を2013年3月6日、訪ねた。町はずれの、小さな工業団地の一角にある変哲のない平屋の建物だが、旧東ドイツ地域の電力需給を一手に握る指令塔である。

ベルリン近郊にある給電指令所（2013年3月6日）

壁面の巨大なパネルには、送電線網を表示する緑や赤の線が、縦横無尽に走っている。周波数の表示が刻一刻と変化する——。制御室のシステム管理部長であるグンター・シャイプナーが説明に立った。パネルを指さしながら、「明るい緑は３８０キロボルト、暗い緑は２２０キロボルトの送電線。右手に見えるのがポーランドに向けての輸出入を示す数字。今だいたい１０００メガワットを輸出していることを示している」などと説明した。

制御室には常時、４人が詰め、需給状況に目を光らせている。同社の広報官フォルカー・カムは、「49・8〜50・2ヘルツの範囲からはずれると緊急事態だ。不安定となり停電の危険性が確実に増す」と周波数の掲示を指さしながら言った。

カムによると、「自然エネルギーの発電施設は、小規模で数も多く不安定だ。電気回路に瞬間的に大電流が流れるインパルスも発生する。電圧は通常３８０〜４２０キロボルトに収まっているが、電圧を適正に保つことがますます難しくなっている」と言う。

需給バランスが崩れたときはどうするか。まず、発電量の調整が比較的容易な管内の石炭発電所に発電量の増減を求めたり、大口の消費者に消費抑制を要請するなどの「給電指令」を行う。さらにそれでも対応できないときに限り、風力発電など自然エネルギー発電施設に稼働の停止を要請する。指令の手段は電話、メール、ファックスと状況により使い分けるという。シャイプナーは、「最悪なのは、よく晴れて風が強い復活祭の日。欧州全体が休日だから他国でも需要は少なく、電気を他国に逃がそうとしてもできない」と話す。

給電指令を出した日数は、２０１２年には前年の２１３日を上回り、２６２日と過去最高になった。石炭発電所の出力低下では足りず、カムによると「最後の手段」として、自然エネルギー発電施設に指令を出した日数は、２０１０年は6日、２０１１年45日、２０１２年77日と急増している。かかった費用は約1億ユーロに達した。その費用は消費者に転嫁される。

10〜15年前までは事態はずっと簡単だった。大きな発電所が電力消費地の近くに立地していた。制御室の仕事は問題なく、退屈なほどだった。今は非常事態になれば、専門の訓練を受けたオペレーター以外は入室禁止となる。15～30分で重要な決断をしなければならない。天気予報の重要性がますます増大している。「とりわけ風の予報は非常に大切。風が１時間前に吹き始めるか、１時間後に吹き始めるかで数千メガワット時の違いが生じる。予報会社と特別な契約を結び情報を入手している」

仕事が困難さを増すにつれ、専門職員の養成が急がれている。ドイツ東部のコトブスにトレーニングセンターを設け、シミュレーション装置を使い様々な状況に対応できるような訓練を行っている。

＊料金を支払って電気を引き取ってもらう?!

需給バランスが大きく崩れたことから、過剰な電力供給により、電力取引市場におけるマイナスの電気料金、つまり、電気を料金を払って引き取ってもらう、という珍現象も起きている。

ドイツ東部ライプチヒにある「欧州エネルギー取引所」（ＥＥＸ）を訪ねたのは、２０１３年２月13日。取引所は、東ドイツ時代、ライプチヒ大学の建物だった高層ビルの23階にある。コンピュータの画面が20～30ほど並び、数人の職員が画面とにらめっこをしている。思ったよりこぢんまりとした部屋だった。

上級市場監督者のトーマス・ベルガーホフが、頻繁に表示が切り替わる画面を指さしながら、取引の様子を説明した。「売り手と買い手がそれぞれ、希望価格と量を提示し、一致すると画面の表示が点滅する。さらに取引が成立すると、この点滅が大きくなる」

取引所は1998年のヨーロッパでの電力市場自由化を背景に、2000年に設立された。取材の時点で、22か国から221の事業者が取引に参加していた。

日本では電気は電気事業者同士の相対取引が大部分を占め、全国電力消費量に日本卸電力取引所での取引量が占める割合は、わずか1％に過ぎないが、ヨーロッパでは20％近くに達している。

同取引所では2012年のクリスマスの日、電気の市場価格がマイナスになる負の価格（ネガティブ・プライス）の事態が発生した。クリスマスで工場などが操業を停止し電力需要が少ないところへ、自然エネルギーの電気がどっと流れ込んできたからだ。電気事業者は取引所のスポット市場で、この電気を卸売りせざるをえない。

取引所の広報担当者であるロベルト・ゲルスドルフは、「負の価格は、年間、数時間発生するだけで、例外的な出来事だが、市場が柔軟性を失っていることの指標」と話した。

いびつさを増すドイツの電力需給状況について、電線網、ガス、通信、郵便、鉄道路線の政府監督機関である連邦ネット庁は、冬期の電気の需給状況に関して２０１２年５月に初めての報告書を出している。２０１１～12年冬に関する報告書が策定された背景には、原発８基が稼働を停止して迎えた最初の冬に、大規模な停電が懸念されたことがある。ドイツ政府は国内の火力発電所４基に加え、オーストリアの火力発電所３基の計２０７１メガワットを「予備発電所」に指定し、緊急時に備えた。

　報告書によると、２０１１年12月８、９日、２０１２年２月６～15日の２回、危機的な状況があった。12月は風が強かったため、北部では風力発電所による過剰な電力が発生する一方、南部では予想外の原発の停止があり、電力が不足するとともに、南北を結ぶ送電線に過負荷が生じた。２月は寒波が欧州を襲い、需給バランスが崩れた。いずれの場合もオーストリアの発電所も含め、予備発電所を稼働させ危機を脱した。

　冬期を通じて送電会社は大規模停電を防ぐために、例年にない頻度で需給調整を行わねばならなかった。調整が必要だった時間は、２０１０～11年の冬期に１４４４時間、２０１１～12年は３７３２時間と２・６倍に増えた。

報告書は「２０１１～12年冬の送電状況は極めて切迫した状態にあった」と結論づけている。

＊石炭発電が43・2％を占める現実

このように自然エネルギー発電の性格上、供給過少、あるいは過多に陥った場合、その凹凸をできるだけ迅速に埋めることができる発電所が必要である。そのバックアップの役割は、火力などの既存電源でしか果たせない。ドイツ環境省によると、皮肉なことに自然エネルギーの普及に伴い、２０２０年までに新たにおおよそ原発８基分の１万《メガワット》の化石燃料発電所が必要である。

しかし、現状は「エネルギー・水《みず》産業連盟」の資料が、「既存の発電所の多くは、現在の電力市場では経済的に運営できず、操業停止の危機に直面している」と指摘するように、自然エネルギーが優先的に買い取られる結果、売電できず収入が減った既存発電所の事業者が、発電事業から次々と撤退しようとしている。そして、かろうじて採算が成り立つのは褐炭発電だけになっている。

褐炭は不純物の多い、泥のような低品質の石炭で、ドイツは自給可能な世界最大の産出国だ。ルール工業地帯のあるノルトライン・ヴェストファーレン州や、ブランデンブルク州ラウジッツ地方では、大規模な露天掘りの炭鉱を見ることができる。

２０１４年の発電量の首位を占めるのは褐炭発電で、総発電量の25・4％を占める。これと、通常の石炭発電による17・8％を足せば、ドイツの総発電量の43・2％が石炭発電である。一方、化石燃料でも温室効果ガスの観点から望ましいガス発電は、コスト面で折り合わず減少している。自然エネルギーの普及にもかかわらず、温室効果ガス（二酸化炭素）の排出量は２０１３年、むしろ増加した。

「シュピーゲル」誌（２０１３年10月21日号）は、この現状を厳しく批判している。「ドイツの２０１３年上半期の石炭発電の割合は８％上昇し、過去数年間で最も大量の二酸化炭素を放出した。なんで石炭発電？　太陽光発電パネル、風力発電所が至るところにあるのに。また、値上げが続く巨額の自然エネルギー賦課金はどうしたのだ、とドイツ国民は自問している。

政府は過渡期的な問題と言っているが、それは違う。これはエネルギー転換の構造上の欠陥なのだ。自然エネルギーと石炭発電のブームは因果関係にある。

自然エネルギーは常に、優先的に買い取られる。しかし、太陽と風は、時間、天候に応じ、あるときは電力の過剰をもたらし、あるときはゼロだ。供給に穴があいたときは、通常の発電所が穴埋めをしなければならない。それはガス発電所ではなく、石炭発電所により行われる。というのは、石炭が安いからだ。補助金を受け、特権を与えられた太陽光発電の電気が、市場から他の種類の発電所の電気を追いやっている。安価な石炭発電だけが、それに価格面で競り合うことができるのだ。投資に見合うかどうか分からないので、もっと効率のよい新規発電所には誰も投資しようとしない」

4　ドイツ人ならやり遂げる、という幻想

＊計画倒れの大規模プロジェクト

日本での議論の多くは、ドイツの２０２２年原発全廃が、あたかも既成事実のようにして進められることが多い。ただ、脱原発の法制化は計画実現までも保証しない。

質実剛健でねばり強く、困難はあっても任務、計画を着実に完遂するドイツ人。そんなイメージが日本では勝っているだろう。しかし、この点でドイツとドイツ人を理想視するのは危険である。

ドイツの巨大公共プロジェクトには大幅な遅延が生じているもの、膨大な予算をつぎ込みながら途中で放棄されたもの、どう楽観的に見ても達成不可能な長期計画の例がある。

大規模公共プロジェクト難航の最も端的な例が、ベルリン郊外に建設中の新国際空港「ベルリン・ブランデンブルク国際空港」の度重なる開港延期である。

ドイツ統一後のベルリンには三つの国際空港が並存していた。第2次大戦前から使用されてきた旧西ベルリンのテンペルホーフ空港と、やはり旧西の空の玄関テーゲル空港、旧東ドイツの国際空港だったシェーネフェルト空港だ。3空港の統合計画は1996年に検討が始まり、2006年から国、ベルリン州（市）、ブランデンブルク州が出資して作った新空港会社が、シェーネフェルト空港の滑走路を拡張するとともに、新滑走路1本、ターミナルビル、交通手段などの建設工事を進めてきた。ドイツではすでにフランクフルト、ミュンヘンの両国際空港がハブ空港の役割を果たしており、ベルリン新空港は3番手のハブ空港としての役割が期待されていた。

2012年6月3日に開港日が決定され、メルケル首相を始め4万人を招待する5月24日の開港式典の招待状も配られていた。それが、開港4週間近く前の5月8日、突然「開港延期」が発表されたのである。航空会社はすでに発行済みの航空券をテーゲル空港発着便に変更する作業に追われた。

同空港の開港予定日は、それまでにすでに2回、安全施設の増設などを理由に延期されていた。航空関係者の多くは、世界の新規空港建設で、繰り返し開港が延期されるといった混乱は聞いたことがない、と言う。

空港設計技師のディーター・ダコスタは、私に対し、「空港を設計したマインハルト・フォン・ゲルカンが、美しさを優先させ機能を軽視するあまり、配線の設置場所などをきちんと考慮しなかった」と語った。だれもスター建築家であるフォン・ゲルカンに対し、異議を唱えることができなかった、というのである。

また、政治が大きく理念を掲げ、現場があとから数字を合わせていくことが多いドイツ流のやり方が原因ではないか、という見方もあった。日本であれば多少の齟齬《そご》は、現場の柔軟性で対応することができようが、ドイツの組織は、いわゆる現場力は弱いのかもしれない。

さらに言えば、ドイツ鉄道を始め、公共輸送機関の遅れの常態化に見られるドイツ社会全体の規律のゆるみもあるのだろうか。

この3回目の延期から事態はさらに紛糾を極め、2015年8月現在、未《いま》だ開港日程の決定はない。「シュピーゲル」誌（2013年11月1日付電子版）によれば、建設コストは今や57億ユーロ（約8000億円）にまでふくらんだ。

電気自動車の普及計画では、2020年までに国内に100万台を走らせる目標をうたう。ドイツの技術力を発揮し、世界の主導的な電気自動車供給者、市場にするとの構想で、2010年5月には「国家電気自動車プラットフォーム」を発足させ、政府、自動車業界、研究機関、労働組合が一体となり、開発、普及を進める態勢を整えた。

プロジェクト開始1年を機に2011年5月16日、首相府で開かれた記者会見で配布された報告書は、補遺も含め100頁《ページ》を超える詳細なものだった。14年に10万台、17年に50万台の目標など具体的な数字が掲げられている。しかし、13年末時点でドイツで走っている電気自動車は6000台強に過ぎなかった。

ドイツの公的機関が掲げる長期計画の数字には、どれほど具体的な根拠があるのか、絵に描いた餅ではないのか、と疑念を抱かせる一つの例である。

膨大な資金を投じながら、所期の目的を達成することができなかった例としては、ドイツの超高速リニアモーターカー「トランスラピート」の例がある。

1969年から開発が進められ、92年にはハンブルク―ベルリン間の建設計画が連邦交通網計画に盛り込まれた。また、2005年にもミュンヘン空港と市内を結ぶ路線が計画されたが、多額の建設資金や反対運動のため断念された。結局、リニアモーターカーが実際に営業運転にまで至ったのは、ドイツ国内ではなく中国・上海の空港と市内を結ぶ路線のみである。2006年には、実験線を試験走行中のトランスラピートが、工事用車両に衝突して23人が死亡する事件が発生し、2008年には最終的にドイツ国内での路線建設断念が発表された。

日本のリニア中央新幹線が2014年に起工式が行われ、建設に向けて動き出したのとは対照的である。

＊余儀なくされた転換の抜本的見直し

話をエネルギー転換に戻せば、ドイツ政府は困難な状況を座視してきたわけではない。ただ、メルケル自身が、「エネルギーの安定供給、環境保護、低料金の三つの条件を満たすことは、容易な道ではない」と認めるように、実際の選択肢は限られている。

2012年に入ってから、消費者、産業界の反発を背景に、ドイツ経済省は電気料金値上げの最大の要因である太陽光発電の買い取り価格引き下げを強く求めた。連邦議会は2012年6月、固定価格買い取り制度を見直す再生可能エネルギー法改正を行った。

その内容は、①買い取り価格改訂をそれまでの半年ごとから毎月の見直しに改める（この結果、新規の買い取り価格はかなり急速に引き下げられることになる）。②10〜１０００キロワットの発電施設からの電気については、全量買い取りではなく90％とする。③太陽光発電の設置目標を52ギガワットに制限する（この上限には２０１６年にも達すると見られている）——などである。

さらに「はじめに」で述べたように、連邦議会は２０１４年６月、再度、再生可能エネルギー法改正を行った。

ただ、これらの改正を経ても、コーラー「エネルギー機関」代表によれば、２０２０年まで賦課金の総額は上昇する見通しだ。電気料金上昇が徐々に抑制されたとしても、自然エネルギー拡大のスピードは鈍ることになる。実際、すでに太陽光発電の導入には急ブレーキがかかっている。太陽光発電産業連盟（ＢＳＷ）の発表によると、２０１３年に新たに発電を始めた太陽光発電施設は、買い取り価格の引き下げと、太陽光パネルの価格下落が止まったことが影響し、12年比55％減となった。２０２０年までの30％導入目標を達成できても、そこから50％、80％までに引き上げる道は、技術的にも経済的にもかなり厳しい道ではないだろうか。

また、エネルギー転換のための最終的な負担の大きさは、まだ国民に実感されていない。賦課金だけではなく、送電線の建設、代替発電所建設、洋上風力発電所建設、さらにはスマートグリッドの普及、蓄電技術の開発のコストなどが加わる。

様々な試算があるが、ハンブルク世界経済研究所は、2030年までに買い取り制度による負担が2500億ユーロ、発電所建設などの費用が850億ユーロの計3350億ユーロ（約47兆円）がかかると試算している。ドイツの2012年国家予算をも上回り、単純計算で国民一人あたりの負担額は4085ユーロ（57万円）になる。

アルトマイヤー環境相は2013年2月、その試算をも上回る、2030年代末までにエネルギー転換に要するコストの総額約1兆ユーロという試算を示している。

「ツァイト」紙（2013年8月12日付電子版）が、世論調査機関フォルザの世論調査結果を基に報じている記事では、エネルギー転換の目的について、「非常によい」「どちらかといとよい」との回答が合わせて82％に達する一方、転換のやり方は「まったくよくない」「どちらかというとよくない」との回答が48％になった。不満の最大の要因は電気料金の高騰で、52％が高騰は転換の欠点と回答している。また、企業を対象にした調査では、半数の企業が、「確実で経済的な電気供給が、惨めな政策により危機に瀕《ひん》している」と回答している。

世論調査を見る限りドイツ国民の多くは、電気料金高騰に不満を抱きながらも、少なくとも今のところ、政府とともにエネルギー転換の夢を貫く覚悟のようだ。

第3章　ユーロがパンドラの箱をあけた

ユーロ危機を経て、経済で独り勝ちとなったドイツに対する南ヨーロッパ諸国の怨嗟の声は強い。南欧諸国のルサンチマンはドイツの世論に反作用し、ドイツのユーロ離脱を主張する政治勢力も力を得ている。

ユーロはヨーロッパを結びつけるどころか、逆にヨーロッパ内、ドイツ国内の矛盾を顕在化させる触媒となってしまった。しかも、ユーロ圏各国内に生まれた反ユーロ運動は、反欧州連合（EU）、反移民、反イスラムの運動や、いわゆる「修正主義」思想とも重なり始めた。

ユーロの成立の過程で、ドイツの果たした役割は決定的だった。経済学的視点からユーロの機能に懐疑的な見方が有力だったにもかかわらず、なぜユーロは導入されたのか。そこに今のヨーロッパの混迷を解き明かす一つのカギがあるのではないか。

1　それはギリシャから始まった

＊アテネの光と影

抜けるような青空と、強烈な乾ききった陽光。白壁に糸杉が、まるで吸い込まれそうな漆《しっ》黒《こく》の影を落としている。白黒のコントラストは、ドイツでは考えられないほどくっきりと刻印されており、はるか南国の地に来たことを実感させてくれる。

私は、2012年6月17日に行われたギリシャ総選挙の取材で、投票日をはさみ9日間、アテネに滞在した。

ドイツの町が持つ整然とした雰囲気に慣れた者の目からは、アテネは猥雑《わいざつ》で、緩慢な雰囲気が漂う。公共サービスの停止、高い失業率など、伝えられていた経済苦境を物語るような張りつめた雰囲気は感じることはできない。

アテネの地下鉄網や空港と市内を結ぶ高速道路は、アテネ・オリンピック（2004年）のために整備されたものだが、町の感じとは不釣り合いに機能的で、まだ真新しい感じさえする。世界金融危機までは、諸外国の資金を呼び込み、アテネ市民が豊かさに酔った時期も

2012年6月15日、アテネで行われた新民主主義党の選挙集会

確かにあった。物価も安く、つましく暮らしていたアテネで、2001年のユーロ導入以降は、ブランド品やドイツ製高級車をよく目にするようになった[*2]、という。

アテネ大学政治学部のゲオルゲ・マヴロゴルダトス教授に市中心部の喫茶店で話を聞いた。彼は「ユーロに加盟していなければ、豊かではないが、長期的には安定を得ることができただろう」と、ユーロ導入が繁栄につながらなかったことを悔やんでいる様子がありありとうかがえた。

自動車製造ロボットのプログラム開発を行っているギリシャ系ドイツ人ランビス・タッサコスの経営する研究所を訪ねた。社員35人は、ドイツ、米国、英国の大学で勉強した若手の研究者たち。タッサコスは、「投資のための法的枠組みがはっきりしない。何が労働法かはっきりしないし、どんな税金を払っていいのか分からない」と政府の無策を嘆いた。

やはり、ギリシャが直面する問題は深刻であり、ユーロ導入に対する後悔や怨嗟は強い。取材を進める中で、そんな風に認識を新たにしながら、選挙投票日を迎えたのである。

ギリシャ政治は混迷を極めていた。総選挙は事実上、緊縮財政推進を支えてきた新民主主義党（ND）、ギリシャ社会主義運動（PASOK）と、緊縮策反対派の急進左派連合の間の争いだった。それはギリシャのユーロ残留か離脱かに直結した。

選挙結果は、EUなどと協調して緊縮財政を推進し、債務危機の克服を目指すことでは一致するNDとPASOKが合わせて過半数を獲得した。ギリシャ政治の混乱が債務危機の深刻化を招く、というユーロ危機がたどってきた悪循環は、この時点でひとまず断ち切られた。しかし、危機の政治的要因が取り除かれたわけではないことは、それから2年半経った2015年1月25日の総選挙で急進左派連合が勝利し、反緊縮路線の政権が発足したことで示されることになる。

＊2　村田奈々子『物語　近現代ギリシャの歴史』中央公論新社、2012年、279頁

話は2009年の秋に遡る。ヨーロッパ経済のみならず世界経済を苦しめ続けるユーロ危機の震源地はアテネだった。

10月4日、ギリシャ総選挙が行われ、PASOKが勝利し政権交代となった。新政権は19日、それまでのND政権による、09年度財政赤字は4％台との発表が虚偽であり、12・7％の高率に達していることを公表した。12月に格付け会社が相次いでギリシャ国債の格付けを引き下げたことから、ギリシャの財政破綻《はたん》（デフォルト）や、他の重債務国への波及が懸念されるようになった。

年が明けると、ドイツメディアでも、ギリシャ債務問題とユーロ関連記事が連日のように取り上げられ、ドイツでも中心的な問題の一つとなっていった。1月19日にはEU財務相会議がブリュッセルで開かれ、ギリシャに財政赤字の削減計画を着実に実施することを求めた。ギリシャ問題をEUレベルで扱うようになった最初である。

一方、ギリシャでは、公務員の人員整理、増税などの緊縮策に対し、労働組合や左翼政党の反発が高まっていった。2月24日には労組側の発表で250万人が参加するゼネストが組織された。

こうした、ギリシャの様子はドイツメディアでも相当な頻度で報じられた。特に、ストライキによる交通機関のまひ状態や、暴徒が商店を略奪、放火する映像は、ドイツ人にも強い印象を与えた。

＊「ギリシャはたくさんある島の一つを売ればよい」

ギリシャの状況を受けて、ドイツメディアが報じた記事で、後々まで話題になったのが２０１０年３月４日付大衆紙「ビルト」の「ギリシャは島を売ったらよい」である。それは次の様な挑発的な記事だった。「ギリシャには３０００の島があるが、そのうち人が住んでいるのは87に過ぎない。ギリシャ政府は財政緊縮を図らねばならないが、もし足りないのなら、君たちの島を売ればよいではないか、破産したギリシャよ……アクロポリスの丘もいっしょに！」

「ビルト」紙（２０１０年４月26日付）は、「危機？　いったい何の危機？」という見出しで、特派員がアテネの町の様々な側面をルポルタージュしている。領収書を切らないタクシー運転手や、月に３５００ユーロ（49万円）の年金を受け取る85歳の元女性郵便局員。そもそも徴税制度はまともに機能していないのに、年金は手厚い――。

保守系紙「ヴェルト」（２０１１年４月26日付電子版）はこんな記事を載せていた。財務省の脱税摘発部署が、高級住宅地で有名なアテネ近郊のエカリ地区で自宅プールの有無を申告するよう求めたところ、３２４件の申告があった。航空写真で確認したところ50倍以上の約１万７０００のプールが確認できた。国家が捕捉できない脱税、汚職などの闇経済は、ギリシャの国内総生産（ＧＤＰ）の３割以上を占める——。

こうした、ギリシャの一面を強調したドイツメディアの報道ぶりは、ギリシャ人の反感を呼ぶ。アテネの財政緊縮策反対デモでは、ナチ親衛隊（ＳＳ）の制服を着て、ちょび髭を生やしたメルケルを描いたプラカードは、すっかりおなじみの光景となった。ギリシャ政府が「ドイツは第２次大戦の賠償を行っていない」など歴史問題を持ち出したのは、お互いを敵視する世論が相乗作用を起こし、反発が高じていくという悪循環が始まっていることを物語っていた。

＊**「第2のリーマンショック」**

２０１０年３月にはポルトガルの国債格付けがＡＡからＡＡ−《マイナス》に、スペインやイタリアのドイツ国債との間の利回り格差（スプレッド）も広がるなど、ギリシャ危機は次第にユーロ危機の様相を呈し始めた。特に4月末から5月初めにかけて、ギリシャ国債の利回りは13%近くまでになり、世界的に株価も急落した。「第2のリーマンショック」という言葉が、ドイツのメディアで頻繁に使われたのものこの頃である。

ようやく、ヨーロッパ首脳たちの対応策が形となったのは、5月7～9日に開かれたEU首脳会議、EU財務相理事会でである。3年間で1100億ユーロ（約15兆円）の支援を行う対ギリシャ緊急支援計画と、総額7500億ユーロの欧州金融安定基金（EFSF）創設を柱とし、ユーロの信用維持に向けた様々な政策を総動員することとなった。この政策パッケージにより、ユーロの為替相場は、とりあえず安定を取り戻した。

しかし、その後、ユーロ危機は、むしろ拡大、深化する方向に進んだ。EU首脳会議や財務相会合で救済策が打ち出され、いったん国債利率は下がる。小康状態がしばらく続くと、ギリシャなど重債務国の国債償還期限が迫るタイミングで国債利率が再び上昇する。そして、新たな救済策を迫られる、といういたちごっこが繰り返された。

2000年11月以来の円高ユーロ安水準である1ユーロ＝94円12銭をつけたのは、2012年7月24日である。7月25日のヨーロッパ債券市場は、スペイン国債の利回りがユーロ導入後の最高を更新し、7・78%にまでなった。ユーロ危機が最も深刻化したのは、この時期だろう。

負の連鎖に歯止めがかかったのは、2012年7月、マリオ・ドラギ欧州中央銀行（ECB）総裁が、財政危機に陥った国の国債を無制限に購入する計画である「国債購入プログラム（OMT）」を表明したときである。これを機に、問題国の国債利率は急落した。欧州中銀は実際には国債を買い入れておらず、発言だけで目的を実現した、まさに「ドラギ・マジック」だったが、中央銀行が「最後の貸し手」として行動することを明言したことで、投機的な動きが止《や》んだのである。

＊デジャヴュの国会決議

議員たちがドイツ連邦議会（下院）本会議場に設置された投票箱の周りに集まり、賛成ならばプラスチック製の水色の票、反対ならば赤色の票を投じていく。ユーロ危機の最中、何度かこの光景を見ることになり、そのたびに既視感（デジャヴュ）に襲われた。連邦議会を舞台に繰り返された、債務国救済を可能とする法案承認を巡る駆け引きが、ドイツの対ヨーロッパ姿勢を占う一つの試金石となった。

一連のユーロ関連法案のうち、最初の法案が連邦議会で審議されたのは、2010年5月

7日である。同じ日、ユーロ圏首脳会議と国際通貨基金（ＩＭＦ）が決めた、ギリシャに対する１１００億ユーロの緊急融資を承認するものだった。

その後、２０１２年６月29日に恒久的な支援制度「欧州安定メカニズム」（ＥＳＭ）設立を承認する法案などが採択されるまで、計５回の議決が行われた。いずれも賛成多数で採択されたが、ＥＳＭ法案採決では与党議員に27人（反対26、棄権１）の造反者が出た。採決のたびに増えていく造反議員の数が、ユーロ救済に次第に批判的になっていくドイツ国内世論の動向を物語っていた。

ドイツメディアがこぞって取り上げた与党の造反議員が、「ドイツの納税者のロビン・フッド」と命名された自由民主党（ＦＤＰ）財政専門家のフランク・シェフラー議員（１９６８年生まれ）だった。シェフラーは２０１１年９月28日、ドイツ外国特派員協会の記者会見で、外国人記者たちにざっと次の様な説明を行った。

「ドイツは他のヨーロッパ諸国と同じように自国の国益を主張すべきだ。ギリシャの長期的な再建は不可能で、秩序だったデフォルトの方が安上がりですむ。ユーロ通貨圏は均一ではなく、いくつかの国は離反していく。経済の原則に背いた政治は長続きしない。ただ、私はヨーロッパ統合には賛成だ。歴史的な経験に照らしてもドイツは他のヨーロッパ諸国と共に歩むべきだ」

質疑応答に移ったので、私はシェフラーに「あなたはいつからユーロ懐疑派になったのか」と質問した。シェフラーは、「私は反ヨーロッパ主義者ではない、私はユーロ現実派だ。EFSFに賛成する他の人はユーロ・ロマン主義者だ」と答えた。

2012年6月13日、ベルリンでのギリシャ情勢に関するシンポジウムで、CDUのEU問題グループの長を務めるミヒャエル・シュトュープゲン連邦議会議員（52）に、ギリシャ情勢について意見を聞くと、次の答えが返ってきた。

「ギリシャにはユーロに止まってもらいたい。もし財政破綻が起きるなら、ドイツが（ギリシャ支援として）提供している300億ユーロの保証金をドイツは実際に支払わねばならない。私は選挙区の有権者に、幼稚園や学校を閉鎖し、失業手当を削り、年金を増額しないわけをどう説明できるだろう」

ギリシャが破綻し、金銭的な負担がドイツ国民の身に降りかかってくるのでは、という不安はじわじわと増していった。

2 「戦後ドイツ」へのルサンチマン

*ユーロ導入前から強かった反対論

すでに1999年のユーロ導入前から、反ユーロ運動はドイツ国内で一定の広がりを見せていた。

中でもユーロ導入反対を訴える経済学者グループの活動が耳目を集めた。ヴィルヘルム・ハンケル（フランクフルト大）、ヨアヒム・シュターバッティ（テュービンゲン大）ら大学教授4人のグループで、1998年2月に『ユーロ訴訟――通貨同盟はなぜ必然的に失敗するのか』、2001年5月には、『ユーロ幻想――ヨーロッパはまだ救えるか』をそれぞれ4人の共著で出している。彼らの発言や動向は、ドイツメディアも際物《きわもの》扱いせずに報じていた。

『ユーロ訴訟』の本は、この4人が1998年1月12日、連邦憲法裁判所に起こしたユーロの違憲訴訟の理由を詳述した内容である。この違憲訴訟は、当時のユーロ導入反対運動を象徴する動きだった。提訴の理由は、ドイツ政府はユーロ圏に加盟する国々が加盟条件を満たすまで、ユーロの発足を延期する義務があるのにそれを怠った、というものだった。訴訟は

1998年3月31日、憲法裁判所が訴えを却下し、4人の経済学者側の敗訴に終わった。

ただ、この本には「政治的な基礎のない通貨同盟は続かない」として、「マーストリヒト条約は不十分である。通貨同盟の強制的な拡大によって政治同盟に至るという希望は、現在の統合の枠組みでは満たされなかったし、今後も満たされないだろう。紛争の可能性を持った通貨同盟はユーロ圏の平和に資するどころか、連帯を破壊する爆薬であることが明らかになるだろう」[*3]と記されている。その後のユーロの展開を見れば、大筋で同書の予言通りになった、と言えるのではないか。

ドイツ南西部の中心都市シュトゥットガルトから電車で約1時間のところに、大学町テュービンゲンがある。駅舎から歩くと程なくネッカー川の橋に至り、その先が坂がちの旧市街で、大学の建物も点在している。

反ユーロの4人の経済学者の一人ヨアヒム・シュターバッティ(1940年生まれ)にインタビューしたのは、ユーロ危機が深刻化した2011年10月13日。シュターバッティの研究室は、旧市街を抜けたところにある店舗なども入った複合ビルの一室だった。

シュターバッティは、社会的市場経済の発案者の一人アルフレート・ミュラー＝アルマック元経済次官のもとで学んだ学生時代から50年間、ヨーロッパ統合を研究テーマにしてきた。発言を抜粋すれば次の様になる。

「ユーロ圏は生産性の違う多くの国民経済から構成される。しかし、通貨同盟は当然、唯一の金利しかない。決定するのはドイツの金利水準。したがってそれまで高金利の国は低金利となり、いわゆるユーロボーナスを享受できた。しかしそれは、産業を近代化したり、均衡財政を実現することには使われず、お祭り騒ぎのために使われてしまった。不動産バブルが発生し、労賃は高騰した。かくして、これらの国は、債務超過、いびつな産業構造、競争力の欠如という三重の問題に直面した」

「ユーロシステムがこうした問題の原因だ。ユーロがなければ、これらの国は単に通貨を切り下げればよかったのだ。これらの国の自業自得なのではない。別々の政治では通貨同盟は失敗するのが必然だった。政治統合は前もって実現するべきだった。すでに遅い。負債を返済するには、利潤を手に入れねばならない。つまり輸入より輸出の量を増やさねばならない。

＊3　Wilhelm Hankel, Wilhelm Nölling, Karl Albrecht Schachtschneider, Joachim Starbatty, *Die Euro-Klage, Warum die Währungsunion scheitern muß*, Hamburg, 1998, S.25.

所得移転（トランスファー）では解決にならない。これらの国々は競争力を持たねばならない。これらの国々が自国の利益のためにユーロを離脱し、通貨の切り下げをし、競争力を回復しなければならない」

最後に、「なぜ、あなたの意見は政府に取り上げられないのでしょう」と聞くと、「メルケルは道を誤った。そのことは彼女も分かっている。しかし、銀行の圧力が非常に大きい。ユーロは脱退することができない運命共同体だ。ユーロにはイエローカードはあっても、退場を促すレッドカードはない」との返事が返ってきた。

＊「修正主義者」の反ユーロ論

こうした経済学者グループと見解を同じくしながら、西ドイツ以来の「正統的な思想（政治的正しさ）」に対する批判を、ユーロ問題の主要な論点に据える右派知識人がいる。代表的なのが、ティロ・ザラツィーン（1945年生まれ）だろう。ザラツィーンは元財務官僚で、ベルリン州（市）の財務担当幹部やドイツ連銀理事を務めた。ちなみに社会民主党（SPD）党員である。

2010年に移民問題をテーマにした『ドイツが消える――いかに我々は自分の国を危機

にさらしているか』を出版し、発売以来約3か月で100万部を超える、「専門書では過去数十年で最大の売り上げ」（出版社）という大ベストセラーとなった。

内容は、様々な統計を駆使しながら、教育程度の低いイスラム教徒移民の出生率が高く、やがてドイツ社会の多数派になっていくことから、ドイツ社会の持つ「知的可能性」が衰えていく、などという主張だ。民族によってその先天的能力に差がある、という考え方を前提にしているようでもあり、左派からは、差別主義、排外主義を体現する人物として、格好の攻撃の標的となった。

ザラツィーンの講演会を2010年10月、ドイツ東部、ポーランドとの国境近くにある町ゲーリッツで取材したが、左派活動家約30人が会場前で横断幕を張り、「ザラツィーンは差別主義者」などと叫んで抗議し、その周辺を警察官が取り巻く、騒然とした雰囲気だった。

そのザラツィーンが2012年に出版したのが、『ヨーロッパはユーロを必要としない――いかに政治的な希望的観測が我々を危機に導いたか』である。

ヨーロッパにはEU加盟国だが、ユーロ非導入国であるイギリス、スウェーデン、ポーランド、チェコなどの国が存在する。これらの国が失敗国家になっているか。あるいは、戦後ヨーロッパは経済的発展と平和を享受してきたが、それはユーロなしにも実現できたのではないか。新興国の台頭を背景に、ドイツの対ユーロ圏諸国との貿易額の割合は増えていないのでは――。このような問いを発しながら、ユーロはヨーロッパを豊かにしていない、と断じる内容である。

同書に類書とは異なる趣があるとすれば、「正統的な思想」への異議申し立てをはっきりと打ち出しているところだろう。そこに前著『ドイツが消える』から一貫するザラツィーンのモチーフがあり、左派から強い反発を招いた理由もある。

ザラツィーンはヘルムート・シュミット元首相（１９１８年生まれ）が、２０１１年12月４日、ＳＰＤ党大会でドイツとヨーロッパとの関わりをテーマに行った演説についてこう書いている。

「シュミットはこの演説で、ホロコーストに関するドイツの罪からロベール・シューマン（ＥＵの父と言われるフランスの政治家）、コンラート・アデナウアーの遺産、そして共通通貨とユーロ圏の国々の負債に対して共同責任を負う必要性までを、一つながりのものとして描く。この演説は、ドイツが第2次大戦後、絶え間なく続く罪の意識に囚《とら》われの境遇にある、というディレンマを明白に物語っている。シュミットはそれによって、ドイツが得た道徳的な強さを示すとともに、経済的に考えて、理性的な基礎や慎重な利益の考慮に基づいて決めた方がよい事柄に対しても、ドイツの罪の意識が影響を与えるという危険も示しているのである」[*4]

ヘルムート・コール元首相（1930年生まれ）については、「ヘルムート・コールは決して細部に強い人間ではなく、ビジョンの人間である。それに加えて非常に感情的な人間である」[*5]として、まるでモーゼの出エジプトのように、ヨーロッパ通貨同盟から政治同盟という約束の地に導こうとしたのだ、と述べている。

結局、ザラツィーンの見方を要約すると、「ドイツの戦後思考の型は、ドイツをヨーロッパに埋没させることが、ドイツをドイツ自身から、世界をドイツから救う唯一の道だ、というのである。こうした思考の型が、ヨーロッパから脱出しようにも自信を持てなくしている」[*6]となる。ホロコーストに対する贖罪意識がドイツに対し、国家としての自己主張を断念させ、経済原理に則して合理的判断を下すことを封じている、とする見方である。

＊4　Thilo Sarrazin, *Europa braucht den Euro nicht, Wie uns politisches Wunschdenken in die Krise geführt hat*, München, 2012, S.19.
＊5　Sarrazin, *Europa braucht den Euro nicht*, S.17.
＊6　Sarrazin, *Europa braucht den Euro nicht*, S.389.

＊注目すべき「ユーロ南北二分論」

もう一人、同様の傾向を持つ知識人として、ドイツメディアによく登場したのが、日本で言えば経団連に当たるドイツ産業連盟（ＢＤＩ）のハンス＝オラフ・ヘンケル元会長（１９４０年生まれ）である。

ギリシャ財政危機を受けて２０１０年に出版された著書『我々のお金を救え！　ドイツは売り払われた――どのようにユーロのごまかしが我々の豊かさを危うくしているか』は、ベストセラーに名を連ねた。出版後、盛んにメディアに登場して、ユーロを北、南ヨーロッパの通貨に二分すべき、という大胆なユーロ危機打開策を訴えていた。

２０１１年10月20日、このヘンケルに彼の事務所でインタビューした。いまやベルリンの中心街となった旧東ベルリン・フリードリヒ通りの、すでに１００年以上は経っていると見られるが、内部はすっかり改装されている旧館の一室だった。

彼の発言を抜粋すれば次の通りだ。

「ユーロ危機の原因は、異なった経済、金融の文化を持つ国々が共通の通貨を持っているというユーロの構造の欠陥から来る。今の安定化策ではユーロを救済できてもヨーロッパはだめになってしまう。ドイツなどの国の納税者に負担をかけ、中国、米国、日本などに対するユーロ圏全体の国際的な競争力を損なうからだ」

「私の提案はドイツなど北ヨーロッパ諸国とフランスなど南ヨーロッパ諸国がそれぞれの中央銀行と別の通貨を持つこと。北ヨーロッパ諸国とはドイツ、フィンランド、オーストリア、オランダで、通貨の安定を重視する考え方で一致している。私の主張は通貨を各国の経済の実情を反映したものとすることだ。今の安定化策は逆で、ヨーロッパの現実を通貨に従わせようとしている」

「ユーロに対し懐疑的な意見を表明することはドイツではタブーだったが、劇的に変わっている。政府もようやく国民の（ユーロに懐疑的な）多数意見に気づいた。メディアにも私の意見が取り上げられるようになったし、新党を作れ、という要請も来ている」

「ドイツにとってポーランドも英国も同様に重要だ。しかも、ユーロ政策でドイツとフランスの立場は対立し、ドイツは脱原発方針を決めたが、フランスの原子力政策とは正反対だ。またフランスが主導して進めたリビアへの軍事介入を巡る国連決議（２０１１年）でもドイツは棄権した。統一後21年が経過しヨーロッパ全体の構造が変化する中で、独仏枢軸の重要性はもはや低下した」

ヘンケルはＩＢＭのフランス代表を務めた経験があり、その体験を基に、「フランスにおいて競争は何か肯定的なものではなく、負担と感じられる」[*7]などと書いて、ドイツとフランスの経済文化の違いから、競争力のある産業を有し緊縮型の経済運営を行う北ヨーロッパと、消費志向が強く財政出動型の南ヨーロッパでユーロを二分するのが最も合理的、という主張の根拠の一つとしている。実現可能性についても、旧東ドイツへのマルクの導入やヨーロッパ11か国へのユーロ導入が順調にいったように、さほど困難はない、とする。

＊反ユーロ政党が登場

ユーロ導入以来の反ユーロの動きが政治運動としてまとまったのが、２０１３年２月に結成された新党「ドイツのための別の選択」（ＡｆＤ）である。13年９月22日の連邦議会選挙では、結党大会以来、半年あまりで、議席獲得に必要な得票率５％に迫る４・７％を獲得した。選挙戦では泡沫政党とも見られていただけに、この得票は衝撃を与えた。

２０１４年５月22～25日に投票が行われたヨーロッパ議会選挙では、ＡｆＤは７％を獲得し、７議席を得た。また、14年８、９月の旧東ドイツ３州議会選挙ではいずれも10％前後の得票率で議会に進出し、15年２月に行われた旧西ドイツのハンブルク市（州と同格）議会選挙でも議席を得た。

前述したシュターバッティやヘンケルも加わったＡｆＤの性格を一言で言えば、「秩序あるユーロ圏の解体」を掲げる反ユーロ政党だが、党首や支持層は雑多な志向を持った寄せ集めの感はぬぐえない。

まず、選挙公約に税制の簡素化なども掲げたことに見られるように、党首の経済学教授ベルント・ルッケらを中心に、ネオリベラリズムの立場に立つグループがある。副党首のアレクサンダー・ガウラントは、国家保守的な立場から、キリスト教民主同盟（ＣＤＵ）の「左傾化」を批判してきた。

ＡｆＤには極右政党活動家が浸透していると指摘されてきたが、確かにユーロ問題も含め、欧州統合、移民政策、歴史認識などでドイツの現状に不満を持つ修正主義的立場の人々も加わっている。旧東ドイツ州の選挙で相次いで高得票率をあげたことは、ＡｆＤが旧東ドイツ地域民の統一ドイツへのルサンチマンも取り込みながら、既成政党に飽きたらない人々の抗議政党の色彩を強く持っていることを示している。

＊７　Hans-Olaf Henkel, *Rettet unser Geld! Deutschland wird ausverkauft-Wie der Euro-Betrug unseren Wohlstand gefährdet*, München, 2010, S.170.

ＡｆＤは旧東ドイツ州の州選挙を通じ、難民や移民の急増が治安悪化や財政負担増大の背景にあるとしたり、伝統的な家族の復権を訴え、右派層の支持を取り込む戦術を積極的に展開した。特に、ＣＤＵ支持層の中でも右寄りの人々が、ＳＰＤとの大連立による第3期メルケル政権の政策に失望し、ＡｆＤ支持に流れた。彼らにとってメルケル政権が実施した最低賃金制導入や保育園増設などは、ＳＰＤに妥協したＣＤＵの「左傾化」を示す政策だった。

２０１４年9月23日、ベルリンのＡｆＤ党本部を訪ね、クリスティアン・リュート報道担当者の話を聞いた。ベルリン市街地のオフィスビルにあり、10部屋からなる本部では常勤職員18人が働いていた。

リュートはＡｆＤ躍進の理由を「家族の価値が顧みられていない、あまりに多くの難民が押し寄せている、歴史問題でドイツだけが（加害者としての）責めを負っている、と感じている不満層が我が党を発見した。既成政党はそうした普通の市民の不安、不満を取り上げないからだ」と語った。リュートは慎重に言葉を選び、「我々は外国人敵対的ではなく、ドイツの歴史的な罪を否定する政党ではない。しかし、タブーなしにあらゆる問題を議論する」と断ったが、ＡｆＤはやはり右派ポピュリズム的な性格を持っていると言ってよいだろう。

ただ、結局、党内でネオリベラル派と右派の間の溝は埋まらず、２０１５年7月、党首のルッケが離党して新党をつくり、ＡｆＤは分裂した。ＡｆＤがドイツの現実政治を塗り替える可能性は遠のいた。

＊反イスラム運動との連携

ドイツでもう一つ新たな右派政治運動が２０１４年10月から台頭した。旧東ドイツ地域の古都ドレスデンで毎週月曜日に実施された「ペギーダ」（「西欧のイスラム化に反対する欧州愛国主義者」の略称）のデモである。15年1月7日のフランスの「シャルリー・エブド」への銃撃テロは、ペギーダの反移民、反イスラムの主張に勢いを与え、1月12日に行われたデモには、最多の2万５０００人が参加した。

注目されるのは、運動参加者が、既成政党やメディアへの不信を公言していることだ。ドレスデン大学の調査によると、ペギーダのデモ参加者の参加動機は、政治やメディアへの不満や批判が回答の74％を占めた。「シュピーゲル」誌によると、インターネットには、既成メディアを「プロパガンダを行っている」「うそつき」と批判する情報があふれている。

私は２０１５年6月8日に行われたデモの取材をしたが、ダニエルと名乗る31歳の職人は「ドイツメディアは、ペギーダのデモ参加者の数を過小に報道したり、もう夏休みだからデ

古都ドレスデン市内を行進するペギーダの人々（2015年6月8日）

モはしない、と報道する。情報を操作して、できるだけ参加しようと考える人を少なくしようとしている」と話していた。その他、数人に話を聞くと、「反移民」（反イスラム）だけではなく、既成政治、既成メディアなどドイツのエリート層に対する強い反感が共有されている、と感じた。

ヨーロッパに台頭する右派ポピュリスト政党を特集した英誌「エコノミスト」（2014年1月4日号）によると、ユーロ危機は、以前からのナショナリストのレトリックと現在のヨーロッパ懐疑主義の結びつきに道を開く働きをした。

同誌によれば、「過去5年間、EU各国政府は、ユーロがヨーロッパ・プロジェクトの頂点であるとしてきたが、ヨーロッパの一般の人々は、上がる税金、失業、福祉のカット、賃金の据え置きなどの愚策のツケを払わされてきた。ＥＵに対して肯定的なイメージを持っている、と答えた人が、ヨーロッパ全体で２００７年は52％だったのが、13年には30％にまで低下した」という。

本書はドイツ論なので、詳細は省くが、右派政治勢力の台頭はヨーロッパ各国でドイツよりもさらに顕著である。フランスでは２０１２年大統領選挙で、「国民戦線」党首のマリーヌ・ルペンが17・９％を獲得して３位になり、14年ヨーロッパ議会選挙では同党が約25％の支持を得て第１党になった。

英国ではＥＵ離脱を主張する英国独立党（ＵＫＩＰ）が２割の支持を得ており、スウェーデンでも２０１４年総選挙で移民排斥を訴える民主党が第３党になった。

ドイツのような強いタブーがない分、右派政治勢力はすでにこれら諸国の政治でいわば市民権を得ており、既成政党も対抗上、移民制限強化などの政策を意識して取り込まざるをえない。国によって違いがあるが、各国の右派政治勢力を突き動かす動機は、反移民、反ユーロを越えて、既存のエリート主導のヨーロッパ・システム一般への反抗という性格を強くしているように見える。

3　夢を諦めない人々

＊左派知識人の見果てぬ夢

右派の立場とは目指す方向はまったく逆だが、左派からのユーロの現状に対する批判もある。その代表は日本でも知られる社会哲学者ユルゲン・ハーバーマス（１９２９年生まれ）だろう。

ハーバーマスの「ツァイト」（２０１０年5月20日付）への寄稿が、左派のユーロ危機に関する考え方を代表している。

欧州金融安定基金などの創設を決めた２０１０年5月8日のＥＵ首脳会議の結果を受けて書かれたこの寄稿では、「ユーロ圏の納税者が、他のユーロ圏諸国の国家財政の危機に責任を負うようになったことは、パラダイム変換を意味する」と、この会議のいくつかの結果を肯定的に評価する。

ハーバーマスが評価したのは、ヨーロッパ経済政府の構想、救済基金の恒久化、欧州委員会に各国の予算の事前審査権を持たせることなど国民国家の財政主権に斬り込む動きなどである。しかし、ハーバーマスは、メルケルの姿勢はこれに逆行するものとして、ドイツの政治エリート層の意識変化を問題にする。

西ドイツ時代、ホロコーストの歴史から、ヨーロッパ文明国の仲間入りをするには、何年にもわたる努力が必要だった。「戦術的（短期的）に懸命だった（東西間の溝を埋める新東方外交の推進をうたう）ゲンシャー主義や、親西側志向だけでは十分ではなかった。国民の広い範囲で、気質（メンタリティ）の終わりのない、骨の折れる転換が必要だった」

しかし、そうした努力や考え方が支配的だった時代は過去となった。ドイツエリートには、ヨーロッパ統合という夢を追う意欲がなくなったという。

「ドイツ統一で大きくなり、自分自身の問題にかかり切りになったドイツの視点は変化した。さらに重要なのは、コールより後に起きた気質の断絶である。シュレーダー政権が相手にしたのは、規範的なものがなくなった世代だった。その世代の人々は、ますます複雑化する社会の中で、日々生起する問題に対処するのに忙殺された。彼らは、ヨーロッパ統合といったプロジェクトは、意識の中で否定した。今日、ドイツのエリートは、再発見した国民国家的な普通の状態に満足している……道徳的に打ち負かされ、自己批判を余儀なくされた民族が、脱国民国家の状況に早急に適応していこうという用意は消滅した」

結局この時代状況を打開するには、危機をバネにヨーロッパ統合を前に進めるしか道はない。「政治にもう少し気概さえあれば、共通通貨の危機は、かつてヨーロッパ共通外交が望んでいたことを実現できるだろう。すなわち、ヨーロッパの共通の運命を分け合うという国家の境を越えた意識の成立である」とハーバーマスは主張するのである。

＊「ドイツは『普通の国』になれない」というシュミット発言

ユーロに対する姿勢は、政治的な左右の軸だけではなく、世代論から切る視点も有効である。

第2次世界大戦を経験した世代で、ユーロを理想主義的にとらえる一群の政治家がいる。ドイツではコール、シュミット、EUでは1985年から10年間欧州委員会委員長を務め、ユーロ導入の立役者の一人であるジャック・ドロール（1925年生まれ）といった政治家である。ユーロ危機に際し、一国主義的傾向が強まるドイツの現状を強く批判し、ヨーロッパ統合を第一義とする外交に戻るべき、との主張を続けていた。

コールの発言で最も注目を集めたのは、外交問題専門誌「国際政治」（2011年9／10月号）でのインタビューだった。

　コールの目から見ると、シュレーダー、メルケルのもとで進められた外交姿勢は、西ドイツ以来の道からの逸脱である。「過去数年間の経緯を見ると、今のドイツがどこに位置しているのか、どこへ向かおうとしているのか分からない」。コールの念頭にあるのは、メルケルがユーロ危機に際してヨーロッパと十分に協調的な行動をとっていないことや、リビア軍事介入をめぐる国連安保理決議への棄権である。

2012年9月27日、コール元首相の記念切手発行記念式典で、切手のお披露目をするメルケル首相とコール元首相

　このインタビューで質問者が、コールのような政治家を「心情的ヨーロッパ人」とし、メルケルのような新しい世代の政治家を、欧州統合に対し冷めた見方をする「頭脳的ヨーロッパ人」と呼んだ上で、ドイツには今も「心情的ヨーロッパ人」がいるのだろうか、と問うたとき、コールは「ヨーロッパはナイーブな夢想家による自己目的ではない。ドイツ

にとっては他に選択肢のないことなのだ」と答えている。

コールの前の首相であるヘルムート・シュミットは、２０１５年現在、96歳の高齢でありながら時事的な発言を続ける、ドイツ政界の最長老である。

２０１２年2月2日、シュミットが発行人を務める週刊新聞「ツァイト」本社に、シュミットを訪ねインタビューした。テーマはユーロではなかったが、日本でも知られた政治家なので、その取材時のシュミットの様子や印象を若干記しておきたい。

「ツァイト」本社はドイツ北部の港町ハンブルクの中心街にある。秘書によると、シュミットは週3回はこの部屋に通勤してくる。部屋に向かうと、廊下の先に、車いすに乗ったシュミットが職員に押され自室に入っていくのが見えた。窓からハンブルクの町並みが見下ろせる部屋は書棚に囲まれ、書棚を背にしたシュミット自身の作業机と、来客の際、使うであろうスチール製の変哲のない机、いすが置いてある。シュミットを描いたカリカチュアなどが素っ気なく壁に掛かっている。広さはせいぜい10畳程度だろうか。

シュミットはひっきりなしに机の上のたばこ箱からたばこを取り出して口にし、紫煙を吐き出す。火をつけるのはいわゆる「１００円ライター」（に見えた）であり、灰皿は上部の

2012年2月2日、ハンブルクのツァイト紙本社でインタビューに答えるシュミット元首相

つまみを押すと回転して吸い殻が容器の中に落ちる、かつて日本でもよく見かけたものである。

発言内容は興味深いものだったが、耳が遠いので質問の際は耳元で大声を出さねばならなかったり、記憶の取り違えもあり、さすがに老齢の影は覆いがたかった。発言内容の一部は第5章で触れたい。

もう一つ、記憶に残るシュミットの姿は、1997年9月3〜6日にチェコ・プラハのプラハ城で行われた「フォーラム2000」という国際シンポジウムでの出来事である。シュミットも討議者として出席していたのだが、正式の討議が終わった後、確か城の廊下だったか、傍聴していた一般の出席者をまじえて、質問を受け付ける場が設けられた。

そこで、プラハの高校教師と名乗る中年のチェコ人男性が、「我々の国はようやく共産主義体制から脱したばかりだ。どうしたら新たな国造りができるかアドバイスをお願いしたい」という趣旨のことを聞いた。シュミットは強い口調で一言、「自分の国のことは自分で考えろ」と一喝した。安易に他者の助言に頼る姿勢がシュミットの神経を逆なでしたのだろう。お世辞などで取りなすことをしない、いかにも直言居士のシュミットらしい振る舞い、と強く印象づけられた記憶がある。

シュミットのユーロに関する考え方がよくうかがえるのが、先に言及した2011年12月に開かれたSPD党大会での演説だろう。シュミットも最近のドイツ政治がそれまでのドイツに対する信頼性を損ねていると批判する。

「膨大なドイツの貿易黒字は、極めて重大な間違った発展の方向だ。というのは、我々の債権は他国の債務であるからだ。この発展とヨーロッパ機関の弱体化がドイツを中心的な役割に押し立てた。しかし、ドイツは政治的に指導的な役割を担うといった考えに幻惑されない方がいい。それは単に孤立へと導かれるだけだ。大きくかつ能力のあるドイツは、ヨーロッパ統合にしっかり埋め込まれることが必要だ」

「ドイツの地政的条件、20世紀における不幸な役割、今日の強国化などの条件を考えれば、ドイツの政治家は強い感情移入の能力を持たねばならない。我々には必ず、他のヨーロッパ諸国を助ける用意がなければならない。世界政治で声望を高めようとすることは不必要である」

シュミットの結論は、「ドイツは当面の間は、『普通の国』にはなりえない」である。これは、戦争世代の政治家でなければ持ちえない考え方であろう。

4　綱渡りを強いられるメルケル

＊マダム・ノー

ドイツ国外からの批判は、主にメルケルの頑固なまでの緊縮財政に向けられた。とりわけ米国は、ドイツは内需の拡大などで域内の国際収支の不均衡を是正すべき、との批判を繰り返した。２０１３年11月には、ついに欧州委員会の報告書もドイツの過剰な貿易黒字を問題にした。

メルケルの財政支援の拒否ないし逡巡《しゅんじゅん》が、新たな「ドイツ問題」とも言われ、なぜメルケルはかくまで頑固なのか、との疑問がしばしば提起された。メルケルには「マダム・ノー」という異名までついた。

しかし、ドイツは緊縮財政の旗を降ろすことはしない。なぜドイツは頑《かたく》ななのか。

第1に原則の問題がある。ドイツ人はまず、決まりは守らねばならない、と考える。ある国がユーロを導入、維持するには、マーストリヒト条約(1992年)に定められた、財政規律や為替レート安定などの条件を満たしていることが必要である。ユーロ加盟国に義務づけられている決まりを守らないのが悪いのであり、それが危機の原因である。重債務国が自助努力で赤字を解消すれば問題は終わる。

ドイツ政治の当事者は、「ユーロ危機」という言葉を使わない。あくまで「財政危機」である。問題はユーロシステムそのものにあるのではなく、ギリシャを始め南欧諸国の財政赤字である。

実はドイツ自身が、シュレーダー政権時の2002年から05年にかけて、年間財政赤字を3%以内に抑える約束を破ったのだが、自分の非は棚に上げて、他人の欠陥やうそは攻撃して止まないのがドイツ人の一面でもある。

第2に、よく指摘されるインフレへの警戒感がある。歴史を遡ると、ヴァイマール時代の1ドル=4兆2000億マルクにも達した天文学的インフレの経験がある。その混乱がナチスの台頭につながった。それを教訓に戦後（西）ドイツは通貨の安定、言い換えれば、財政規律や中央銀行の独立性を重視する金融政策を進めてきた。

第３に財政規律が競争力の強化や、経済成長の前提となる、との理論も用意されている。いわゆる、非ケインズ効果である。つまり、「財政赤字の削減による金利低下や、財政の持続可能性の回復により、民間の経済活動が刺激される効果」[*8]であり、メルケルは、シュレーダー政権の構造改革「アジェンダ２０１０」が、ユーロ危機以降のドイツの好調な経済条件を準備した、と考えている。構造改革は効果を発揮するまでに時間がかかるが、確実に発揮すると確信している。[*9]

第４に、ドイツ人の国民性、生活態度がある。無駄遣いをしないこと（倹約）こそ美徳という倫理（ドイツ語で倹約家を象徴するものとして schwäbische Hausfrau ＝「シュヴァーベンの主婦」という言葉があり、メルケルにその名が冠せられたこともある）は、確かにドイツ人がほぼあまねく順守している基本的な生活態度である。

＊８　小林正宏、中林伸一『通貨で読み解く世界経済』中央公論新社、２０１０年、１１１頁
＊９　Judy Dempsey, *Das Phänomen Merkel*, Hamburg, 2013, S.29.

どんよりとした鈍色《にびいろ》の雲がたれこめた北ヨーロッパと、燦々《さんさん》たる陽光に満たされた南ヨーロッパ。かねてドイツ人はイタリア、ギリシャに憧れてきたが、それは北と南の差異の大きさの証拠でもある。ユーロ危機の本質は、北と南の基本的価値や生活習慣の違いにまで遡ることができるだろう。

*メルケルの「アメとムチ」の手法

メルケルの緊縮財政の押しつけを批判する米国や他のユーロ圏諸国に対して、他国への財政支援に拒否反応を示すドイツ国内世論、という図式は分かりやすいが、国外、国内ともに世論には大きな幅がある。メルケルの置かれた立場は複雑である。

メルケルは表向きは緊縮財政策を掲げ、ユーロ圏諸国にその原則の順守を求めるが、実際には緊縮財政一辺倒ではなく、債務国に多額の信用供与を行ってきた。ドイツの世論では支援拡大への批判が高じていても、政治のレベルでは、逡巡や反対をして危機を長びかせているという批判を受けた末にではあるが、ユーロの維持、ヨーロッパの連帯を重んじる決定を行ってきた。

支援ないし信用供与をした額は、対ギリシャだけで635億ユーロ（約8兆9000億円)、ユーロ圏政府・銀行に対する信用総額は7000億ユーロ(約98兆円)に達する。7000億ユーロはほぼ日本の一般会計予算に匹敵する額である。さらにメルケルは欧州中央銀行(ECB)による国債の無制限購入を約束する「国債購入プログラム(OMT)」を受け入れた。そうした措置なしには、ギリシャを始めとする重債務国が早々に財政破綻したであろうことは明らかだ。

ただ、メルケルは支援に条件を付けることで、より積極的な意味を財政支援に持たせようともした。つまり、財政支援、信用供与は、あくまで緊縮財政の実行を約束させることを条件にしたのである。いわば、財政支援を馬の鼻先のニンジンにして債務国を緊縮財政、構造改革へ導くという「アメとムチ」の手法である。そうしなければ、ドイツの世論が納得しなかった事情もある。

その点で、メルケル首相の姿勢は、危機発生の早い段階から一貫していた。「南ドイツ新聞」(2010年5月15/16日付)のインタビュー記事で、メルケルは次のような姿勢を明らかにしている。

「過去数週間の交渉の目標は、問題を根本的に解決することだった。問題とは、いくつかの国の劣悪な国家財政の状況であり、それらの国の競争力のなさである。ある国の恒常的にうまくいかない国家財政は、財政支援によっては解決できず、収入を多くし、支出を少なくすることでしか解決できない。その理由から、国際通貨基金（ＩＭＦ）の介入を求めたのだし、困難に陥っている国に対し、外から支援が来る前に、国家財政を正常化するため、できるだけのことをするよう義務づけることをあくまでも要求した」

自己責任を求める立場と、ヨーロッパとの連帯を優先させねばならない当座の要請、言い換えれば、ドイツの国益を守ることを主張する右派と、親ヨーロッパの左派、さらにＥＵ内でも、緊縮財政の徹底を求める北ヨーロッパ諸国と、財政出動を求めるフランスや南ヨーロッパ諸国——この相矛盾する立場を結びつけるのが、この「アメとムチ」の政策である。

メルケルのユーロ政策を要約すれば、次のようになるだろう。

①ユーロ圏からの離脱やユーロ解体は阻止する。
②均衡財政の原則をユーロ圏各国に求め、長期的な経済再建に期待する。
③臨時的に加盟国間の所得移転は認めるが、恒常的なメカニズムにはしない。
④財政政策共通化の領域を拡大するが、最終的な決定権限はドイツ（各主権国家）が保持する。

⑤ドイツ国民には、次のように説明する。重債務国の債務削減努力を前提としなければ、支援はしない。支援はあくまでも信用供与であり、債務国経済が軌道に乗れば払い戻される――。

２０１３年９月の連邦議会選挙で、キリスト教民主・社会同盟（ＣＤＵ・ＣＳＵ）が41・5％という近年にはない高得票率をあげたのは、メルケル個人への信任投票の性格が濃かった。その信任の中身として、メルケルのユーロ政策が国民の評価を得たことが指摘されている。

輸出に依存するドイツ経済にとって、南欧諸国を中心に弱い経済を含むユーロは、相対的な通貨安を常に享受できるシステムである。それが今のドイツのヨーロッパ経済での「独り勝ち」状態を保障している。また国民は、ギリシャ支援の金はあくまでも貸した金であり、ギリシャが再建できれば戻ってくるという、ショイブレ財務相などが繰り返し行っていた説明を、半信半疑ながら受け入れている面がある。

しかし、ユーロが存続する限り、危機は繰り返しやってくるだろう。メルケルの綱渡りはこれから、いつバランスを崩しても不思議ではない状態に追い込まれるだろう。

＊ドイツは帝国化する？

財政危機に陥った国に緊縮財政策を求めて止まないメルケルの姿に、コール時代までとは様変わりした、国益に基づいた主体性を取り戻すドイツ外交の姿を見る向きもある。「シュピーゲル」誌（２０１３年９月９日号）によると、「メルケルにとって、もっとヨーロッパを、とは（ＥＵの執行機関である）欧州委員会の強化ではない。メルケルが望んでいるのは、影響力のある国民国家からなる一つのヨーロッパである。メルケルはＥＵ諸条約を改訂し、ＥＵ加盟国の首脳からなる理事会を強化することを考えている」。メルケルはコールのように、国家主権をＥＵに移譲すればするほどよい、という考え方はもはや持っていない。

ドイツの外交評論家ウルリヒ・シュペックは外交問題専門誌「国際政治」（２０１２年１／２月号）に寄せた論文「力を形成せよ——ドイツ外交の選択肢」で、ドイツの取りえる道として、「大西洋（同盟）の選択肢」「ヨーロッパの選択肢」に並び「ナショナル（ドイツ国家主体）の選択肢」を掲げた。ドイツでは長くタブーであったナショナルなものを正面から論じたとして、注目された論文である。

「ナショナルの選択肢」とは以下の様な立場だ。

ドイツは、経済強国としての基盤を持ち、国連安保理常任理事国ではないにせよ、ほとんどすべての国際機関のメンバーであることから、場合によっては、国益に基づき単独で世界を対象とした外交を行うことができる。特に新興国との関係を強化し、必要に応じて新しい同盟関係を作り上げることもできるだろう。シュレーダーによるイラク戦争不参加、メルケルによるリビア介入参加拒否がその現れであり、ドイツ外交の水面下の潮流として、ナショナルの選択肢は次第に影響力を増している——。

シュペックはドイツが現実にこの選択肢の外交を採用するならば、ただちにドイツは脅威と認識され強力な抵抗を惹起《じやっき》するだろうし、ドイツは世界政治で力を発揮するために必要な軍事力も備えていない、などとしているが、この三つの選択肢を持つということは、ドイツ外交が「普通の国」の外交になったことの現れだ、と述べる。

議論はさらに発展して、ドイツが「帝国化」している、という見方も現れている。たとえば、最近日本で出版されたフランスの思想家エマニュエル・トッドの『「ドイツ帝国」が世界を破滅させる』（堀茂樹訳、文藝春秋、２０１５年）には、「ＥＵの東方拡大によってドイツは、（東欧諸国の）良質で安い労働力を活用し、経済を復活させ、ヨーロッパを支配するに至っている」という認識が述べられている。

ドイツ統一に際し、やがて東欧はドイツの経済圏に組み込まれるだろう、という予想もあったから、ことさら新奇な見方とは言えないだろう。ただ、「帝国」というからには、少なくとも帝国を構成している諸民族に対する政治的意思の強制がつきまとうと思うが、今ドイツの政治、外交当局者にそのような「帝国」を築こうという、政治的な意思、願望は皆無と断言してよい。

他方、2015年5～6月にかけて、ハンガリー、コソボ、ウクライナ、エストニアなど旧東欧や旧ソ連共和国諸国を取材で回る機会があったが、当地の政治担当者に、ドイツを突出して重要な国と考える者はいなかった。ウクライナの親欧米の民族主義者は、とかく、ナチズムの影響を受けている、と批判されることが多いが、親欧米派への支援は米国からが圧倒的に大きいと見られている。エストニアにとっては安全保障上、頼れる国は依然として米国であり、経済的には隣国フィンランドの影響が強い。またハンガリーを始め各国のナショナリズムも強い。

メルケルの発言や振る舞いを見る限り、発言力を強めこそすれ、ドイツがヨーロッパ・システム内での協調を捨て去ることも当面、考えられない。「帝国化するドイツ」はヨーロッ

インタビューに答えるクンドナニ氏（2015年６月９日、ベルリンで）

パの伝統的な対ドイツ警戒論の表現でしかなく、実体を伴ったものではないと思われる。

２０１４年に出版された、英国出身の国際問題研究者ハンス・クンドナニが「ドイツのパワーのパラドックス」[*10]で打ち出している「地経的な半覇権国（Geo-economic semi-hegemon）」という理論の方が、よりよく実態を説明している。

ドイツはヨーロッパの真ん中に位置して、勢力均衡にとっては強過ぎるし、覇権にとっては弱過ぎるという中途半端な半覇権状態が、歴史的にヨーロッパの混乱や動乱の原因になっ

＊10　Hans Kundnani, *The Paradox of German Power*, London, 2014.

てきたという見方がある。いわゆる「ドイツ問題」である。

それは従来、政治的、軍事的な視点から見た、地政的な半覇権状態だったが、クンドナニの理論の興味深いところは、ドイツは今、経済面、つまり地経的に半覇権状態にある、としていることである。ＥＵ圏あるいはユーロ圏の経済を牛耳るほどは強くはないが、ワン・オブ・ゼムであるほど弱過ぎもしない。英「エコノミスト」誌（２０１３年６月15日号）も「Reluctant hegemon（不承不承な覇権国）」といった表現を使っていた。

確かにドイツは経済力に応じた政治的な主導権を強めるだろうが、ヨーロッパ各国にその意思を強制するほどの経済力、政治力いわんや軍事力はない。半覇権状態は、綱渡りのメルケルのユーロ政策に現われている。分裂状態に陥ったヨーロッパをドイツが束ねていくことは、今後むしろもっと難しくなるだろう。

5　「夢見るドイツ」がユーロを生み出した

＊コールが政治同盟を後回しに

ドイツ統一20周年に際して、「シュピーゲル」誌（２０１０年９月27日号）が掲載した特集記事によれば、同誌が入手したドイツ外務省資料館の文書に照らして、ドイツ統一（1990年）と共通通貨導入の両過程は、これまで知られていた以上に密接に絡み合っていたことが分かった、という。この記事などを基に、ユーロ導入が決まった過程をたどろう。

共通通貨への動きは、ドイツ統一前から始まっていた。フランス政府筋が、「ドイツにとってドイツ・マルクが、我々フランスにとっての原爆に当たるのだ」という言葉を残しているが、フランスは西ドイツが事実上、ヨーロッパ経済を牛耳っていることに不満を募らせていた。

このフランスの不満を鎮めるために、欧州理事会は1988年夏に、ドロール欧州委員会委員長に欧州経済・通貨同盟の構想をまとめるように委託した。1年後に、3段階計画がまとまったが、肝心なところが曖昧なままだった。

すなわち、通貨当局に対する考え方が独仏で大きく異なっていた。通貨当局を政府の干渉下に置くべき、というフランスに対し、西ドイツはドイツ連邦銀行をモデルに、政府から独立していなければならない、政治同盟強化が通貨同盟の前提となるべきだ、と主張した。ドイツ連銀総裁だったカール・オットー・ペールは、「（独仏の対立から）欧州通貨が現れるのは、早くとも100年後になると確信していた」と話している。

しかし、フランスは長くは待てなかった。1989年7月、フランスが同年下半期の欧州共同体（EC）議長に就いたのを機会に、西ドイツ首相府に対し、通貨連合発足に向けテンポを速めるように要請する文書を、矢継ぎ早に送った。

ユーロ報道で定評のあるジャーナリスト、デイビッド・マーシュによると、ヨーロッパが冷戦崩壊に向かい急速に動き出した89年9月に、ミッテランはサッチャーとの会談でこうした発言を残している。「もしドイツが統一後の混乱を克服して一層強大になったとしても、欧州連合が、あるいは唯一欧州連合がドイツの力を封じ込めることができるだろう。……共通通貨なしでは、我々はドイツの意思に服さねばならない。もしドイツが利率を引き上げれば我々はそれにならわねばならない。それも同じ通貨同盟に属していないのに、だ。したがって、唯一の発言権を持つ道は欧州中央銀行を作り、いっしょに決定を行うことである」[*11]

ちょうど時を同じくして89年11月9日、ベルリンの壁が開放される。それを受けてコールは11月28日、よく知られた統一への道筋を定めた「10項目提案」を行う。関係国に通知しなかった突然の提案だった。ミッテランが激怒したことは言うまでもない。提案の真意を説明するために、ゲンシャー外相が急きょフランスに飛び、ミッテランと会談した。

この会談が大きな節目だった。ミッテランは次の様に露骨な警告を発したという。

「1990年の終わりまでに、真剣な経済通貨同盟の議論に入ることに同意するよう望む。さもなければ、ドイツは英国、フランス、ソ連（ロシア）の3国協商成立の危険を犯すことになる。つまり、第1次、第2次大戦の前夜のようにドイツを孤立させることになるだろう。我々は1913年の世界に戻るだろう[*12]」

その後、西ドイツとフランスの首相府間で、頻繁な交渉、文書交換、電話のやりとりが持たれる。ドイツ側は最終的に、通貨同盟の決定を行う政府間協議の1990年末の開催に同意し、通貨同盟と同時に政治同盟も発足させるべき、という主張を取り下げた。

「ミッテランからの強力な脅迫を受けて、コールは折れた。コールはストラスブール（EU首脳）会議において、1990年の後半に通貨同盟に関する政府間協議を開始することに同意することを決めた。これこそが、ヨーロッパがマーストリヒト条約へ至る道を歩み始めることを可能とした本質的な取引であった[*13]」

＊11　David Marsh, *The Euro: The Battle for the New Grobal Currency*, New Haven and London, 2011, p.141.
＊12　Marsh, *The Euro*, p.143.
＊13　Marsh, *The Euro*, p.143.

その後、1990年1月4日、フランス西部ラチェにあるミッテランの別荘で、コール—ミッテラン会談が行われた。両首脳は何時間にもわたり、大西洋に面した砂浜で散歩をしながら話し合った。「シュピーゲル」誌によると、この会談を経て、ドイツ統一と通貨統合という二つの統合プロセスについて、独仏の考えは一致した。

1990年10月3日にドイツ統一が実現する同じ月に、通貨統合に向けた政府間協議が開始され、92年2月7日、共通通貨導入を定めたマーストリヒト条約が調印された。

＊「ドイツ統一とマルク放棄」が取引された？

ドイツ統一の全体のプロセスの中で、通貨主権の放棄はどれほどの比重を占めていたのか、すなわち、マルク放棄がなくてもドイツ統一はなったのか。コールがミッテランの要求を拒み、ドイツ統一問題と共通通貨問題を切り離して、あくまで政治統合実現を堅持する道はなかったのか。この点に関して、歴史家の分析や当事者の意見は様々である。

今のドイツを代表する歴史家ハインリヒ・アウグスト・ヴィンクラー（1938年生まれ）は2011年11月24日、私がインタビューした際、次のように答えている。

「統一ドイツが覇権を握ることを恐れたミッテランは、西ドイツの経済的強さのあかしだったマルクを、一刻も早く共通通貨に転換することを求めた。コールは独仏の友好関係を危険にさらしたくなかったし、独仏の関係悪化でドイツ統一実現を損ねることを嫌った。したがって、コール―ミッテランの交渉は、二つに分かれた政府間協議を志向した。一つは通貨同盟、もう一つは政治同盟を準備する協議だ。結果はマーストリヒト条約で、通貨同盟は実現した。しかし、政治同盟は追求されたが、法的拘束力のある形では合意しなかった。

「米国は北大西洋条約機構（ＮＡＴＯ）にドイツをつなぎ留めることで十分だったが、ミッテランにとってはＮＡＴＯだけでは十分ではなく、通貨同盟が追加で必要だった。つまり、ドイツが通貨政策の分野で主権を放棄することだ。ドイツがそうする用意がなければ、ドイツ統一は不可能だっただろう」

一方、西ドイツ内相を務め、ドイツ統一プロセスを主導した政治家の一人であるヴォルフガング・ショイブレは、「ドイツ統一はドイツマルクを犠牲にした交換の結果、成立した」といった取引は決してなかった、と真っ向から反論する。「欧州通貨同盟はドイツ統一にとって、せいぜい脇役を果たしたに過ぎない」という。

コールを始め、ドイツ統一当時の政策当事者の回想録などを読んでも、関心の多くは、「ヨーロッパにおける包括的な安全保障構造」（コールによる１９８９年11月28日の10項目提案）のあり方にほぼ集中している。当時の米国、ソ連を含むヨーロッパ関係諸国の最大の関心は、安全保障上の統一ドイツの地位＝ＮＡＴＯへの帰属問題や、国境の画定問題であった。マーシュも「歴史的記録によれば、ドイツはマルクをドイツ統一の取引の一環として放棄したわけではなく、欧州通貨同盟を含む政治プロセスがあろうとなかろうと、ドイツ統一は起こっただろう、ということを示している。ドイツ統一は長い間追求されてきた統一通貨を作る上で、追加の弾みを与えただろうが、新しい貨幣秩序を作るのに、統一のせいでドイツが大きな妥協をすることはなかった」[*14]と述べている。

＊ユーロはホロコーストの帰結

「ドイツは統一を認めてもらうのと引き換えに、マルクを放棄した」との流布された言説を裏付ける歴史的資料はない。資料で確実に裏付けることができるのは、「ドイツ統一」と「通貨同盟交渉の受け入れと政治同盟の先延ばし」の取引である。

結局、ドイツは通貨主権を放棄したから、本質的な違いはないと言えるのかもしれない。ただ、コールを始めドイツの為政者にとっては、通貨より政治を先行（あるいは同時に）するはずが、通貨が政治に先行し、共通通貨はヨーロッパ連邦実現という夢追求の一つの中間段階と位置づけられた。ヨーロッパ統合の夢を断念したのではなく、通貨がヨーロッパ統合の終着点だった地位から、一つの通過点という位置づけに変わったのである。コールは通貨同盟をドイツ統一のためにやむをえず受け入れたのではなく、通貨同盟の発足に積極的な意義を見いだそうとした。

先に引用した「国際政治」誌でのインタビューでコールは、「もちろん、しばしば私はもっと前に進んだ決断を望んだ。特に1990年代の初め、ユーロと政治同盟についての決断である。しかし、もし当時私が、望ましいこと、長期的に必要なことのすべてに固執していたら、今日までユーロを手にすることはなかっただろう。そして私が行った譲歩は、正当だったと考えている。ユーロに構造的欠陥がある、との考えはまったく間違いだ。望ましいと思うところまでいかなかったことは事実だ。しかし、方向は正しく、そのことが重要だったのだ」と語っている。

ドイツの歴代のヨーロッパ政策は、EU権限を強化し、政治同盟に踏み込んだ統合ヨーロッパの実現だった。ドイツが掲げる理想主義的なヨーロッパ統合理念は、コール以前から始

＊14　Marsh, *The Euro*, p.17.

まっていた。ゲンシャー外相はシュミット政権時の1981年11月に、政治協力の枠組み「欧州政治協力」（EPC）強化を目指す「ゲンシャー・コロンボ・プラン」（コロンボはイタリア外相）を提示した。

コールも政治統合の重要性を強調して、ヨーロッパ統合は「平和と自由」の問題であり、単なる経済的利益を目指すものではないこと、最終的には政治統合、さらにはヨーロッパ合衆国の実現が目標であることを頻繁に訴えていた。[*15] ドイツ、なかんずくコールのヨーロッパ統合への一貫した志向、そして「ユーロ・ロマン主義者」としての共通通貨への期待や、統一ドイツを統合されたヨーロッパの中に組み入れようという意思が決定的な役割を果たしたと言えるのではないか。

元駐ドイツ日本大使だった有馬龍夫の回想録にも「通貨統合はコール首相の信念に基づくもの」との見解が示されている。[*16]

ユーロは、第一義的にはナチズムやホロコーストといった歴史の負債の克服に促された産物だった。過去の克服をヨーロッパ統合という夢に求めるドイツと、対ドイツ恐怖心からドイツ封じ込めを外交の指針とするフランスの共同作業が生み出した政治通貨である。挑発的に言えば、ユーロはナチズムとホロコーストが生み出したのである。

それにしても、ナチズムやホロコーストを教訓に発足したユーロが、ナショナリズムや右派政治運動の活性化の一因となっていることは、歴史の大きな皮肉である。

ユーロの成立過程をたどると、ユーロはヨーロッパ固有の現象であると思わざるをえない。ヨーロッパの特殊な歴史的条件の蓄積なくしては成立しなかったし、他地域に適用できる普遍性を持ったシステムでもないだろう。そのことをよく自覚することが、日本にとって賢明な指針を得る上でも不可欠と思われる。

＊15　森井裕一『現代ドイツの外交と政治』信山社、２００８年、87頁
＊16　有馬龍夫『対欧米外交の追憶　下』藤原書店、２０１５年、６２４頁

第4章 「プーチン理解者」の登場

域内のユーロ危機対策に忙殺されてきたヨーロッパ、なかんずくドイツが忘れかけていた、国家間の力の関係という国際社会を律する基本原理が、プーチン・ロシア大統領によるクリミア半島併合で亡霊のように姿を現した。

この危機に際し、ドイツ人自身にとっても驚きだったのは、プーチン大統領の行動に理解を示す言論がドイツ国内に横行したことである。自らを「シビリアンパワー」と任じ、平和的な国際紛争解決を旨としてきたはずのドイツ人の多くが、国際法秩序より歴史を根拠に、武力行使をためらわないプーチンの論理と行動に共感を覚えた。

そこには「東方への夢」と、先祖返りのように蘇ったドイツのユーラシア大陸国家としての性格が映し出されているのではないか。「我々は本当に西ヨーロッパになったのか」（「シュピーゲル」誌）という問いが発せられたように、ドイツ人自身がドイツ人としてのアイデンティティーを問う事態ともなったのである。

1　緊密化する対ロシア関係

＊ヨーロッパ主導国としての積極外交

２０１４年３月18日のロシアによるクリミア半島併合は、おそらくイラク戦争（２００３年）以来の、国際秩序を揺るがす大事件であったし、その後焦点はウクライナ東部へと移り、２０１５年に入ってからも、ウクライナ政府軍と親ロシア派武装勢力との間で大規模な戦闘が勃発した。

一連の国際社会での動きの中で一つの注目点はドイツの動きだった。世界金融危機やユーロ危機を切り抜ける中で、ドイツがヨーロッパで相対的な国力を増し、ヨーロッパの意思統一や対ロシア交渉において主導的役割を果たす姿が明らかになってきたのである。

情勢が悪化する中で、ドイツは事態の平和的解決を目指し、ウクライナの親ロシア・ヤヌコヴィッチ政権と親欧米派野党との間で、積極的な外交的仲介を試みた。シュタインマイヤー外相は、フランスのファビウス外相、ポーランドのシコルスキ外相とともにキエフに赴き、ヤヌコヴィッチ大統領と野党を仲介し、21時間にもわたるマラソン交渉を行った。その結果、

2014年2月21日、両派は3か国外相の立ち会いのもと、大統領選の前倒しや、挙国一致政府樹立などを内容とする合意文書に調印した。

合意文書調印の直後にヤヌコヴィッチ政権は崩壊し、結果的にその積極外交は実を結ばなかったが、ドイツはその後も、それまでの対話路線を継続し事態の打開を試みた。メルケル首相はプーチン・ロシア大統領との間で、2014年の間、40回以上にわたる電話会談を行い、説得を試みた。2015年2月には、オランド仏大統領とともにベラルーシの首都ミンスクで、プーチン・ロシア大統領とポロシェンコ・ウクライナ大統領との間の仲介交渉を行い、停戦合意に導いた。

＊ロシアによるクリミア併合を認める理由

ウクライナ危機を軍事的手段で解決することが不可能なことは、早くから国際社会の一致した認識だった。ただ、クリミア併合に直面し、ロシアへの制裁に問題の焦点が移ったとき、主要国は、米国、英国、ポーランドやバルト3国など、ロシアに対する厳しい制裁を主張する国々と、ドイツ、フランス、日本など抑制された制裁を主張する国々で対応が大きく割れた。

結果的には２０１４年7月17日のマレーシア航空機撃墜事件を機に、西側諸国がほぼ一致して対ロシア経済制裁に踏み切り、主要国の対ロシア姿勢の違いはとりあえず解消されたが、ウクライナ政府に対する武器供与を主張する米国に対し、ドイツは反対の姿勢を崩さなかった。

クリミア併合に直面したとき、原則的な次元からロシアに理解を示す発言が相次いだことは、ドイツ人にとっても意外なことだった。「ロシア理解者」「プーチン理解者」という、揶揄《やゆ》を込めた表現が一種の流行語にもなった。

「理解者」の端的な例が、第3章でも登場したヘルムート・シュミット元首相である。シュミットは、リベラル系週刊新聞「ツァイト」（２０１４年3月27日付）のインタビュー記事で、大胆に自分の考えを語っている。

――ロシアによるクリミア併合は明らかな国際法違反だ。

「明らかな国際法違反かどうかは疑問だ。国際法は重要だが、これまでも幾度となく破られてきた。たとえばリビア内戦（２０１１年）への介入は、国際法とは一致していなかった。国際法を引き合いに出すことよりも重要なのは、クリミア半島の歴史的発展だ。１９９０年代の初めまで、西側世界はクリミア半島とウクライナはロシアの一部であることを誰も疑っ

2012年6月1日、ベルリンを訪問したプーチン・ロシア大統領

ていなかった。（ウクライナは）国民国家ではない。歴史家の間では、本当にウクライナ国家が存在するのかどうか議論がある」

――プーチンの行動は合法的か。

「私は完全に納得できる。合法的という表現は、ここでは使わないだろう。というのは、全体は法的問題としてだけ見ることはできないからだ」

――制裁は意味があるか。

「特に要人の入国拒否などの制裁はばかげている。（米国や東西ヨーロッパ諸国35か国が一堂に会した）ヘルシンキ会議（全欧安全保障協力会議＝1975年）のような国際会議があったとき、ロシア要人を呼ばないわけにはいかない。経済制裁は西側にも影響を与える」

以下、シュミットの回答のみを要約する。

エネルギーでロシアへの依存から脱却しようとすることは賢明ではない。21世紀もロシアはドイツの非常に重要な隣人であることを認識すべきだ。第２次大戦にもかかわらず、ロシアがドイツへの憎しみを過去のものとしたことを記憶するのは重要だ。プーチンはピョートル大帝、エカチェリーナ、レーニンの後継者だと自分を見ている。ロシアをＧ８から追放するより、同じ席で話し合いを続けるべきだ――。

シュミットは、士官として第２次大戦の対ロシア戦線にも従軍した世代の、最後の政治家である。その経験に基づくロシア観が背後にあるのだろう。

＊ドイツには貸しがある

もう一人、代表的「プーチン理解者」として現れたのが、前ドイツ首相のシュレーダーである。もっとも、シュレーダーは現役時代からプーチンと蜜月関係を築いていたし、「プーチンは民主主義者」という、今ではほとんど顰蹙《ひんしゅく》の対象になるような発言も残している。

バルト海の海底天然ガスパイプラインの建設でプーチンと合意し、首相退任後はこの建設運営会社「ノルド・ストリーム」の幹部に天下った。

2012年1月26日、ベルリンの議員会館でインタビューに答えるシュレーダー前首相

2014年4月28日にはサンクトペテルブルクで、「ノルド・ストリーム」主催のシュレーダー70歳の誕生会が行われ、プーチンを笑顔で迎え抱擁するシュレーダーの姿が繰り返し報じられた。ドイツメディアは、ドイツ国内が対ロシアで分裂しているというイメージをロシアに与え、メルケル外交に悪影響を及ぼす、と批判的に報じた。

シュレーダーは2014年3月9日、「ツァイト」紙が主催した公開討論会「ツァイト・マティネ」で、ドイツ首相だった1999年、コソボ問題で国連安全保障理事会の決議がないまま、NATOによる軍事介入にドイツ軍も参加させたことを念頭に、「私も国際法を破った」と発言した。プーチンのクリミア併合を正当化するかのような発言だった。しかし、NATOによるコソボ軍事介入は、セルビアによるアルバニア人迫害を阻止する目的の「人道介入」であり、両軍事介入を同列に論じることはできない。

シュミットやシュレーダーの発言は、ドイツにおいて相当広く共有された見方だ。旧知のドイツ外交官は、「ウクライナは歴史的にロシア発祥の地で、ロシアにとっては特別な意味を持つ。ロシアの懸念をよく配慮しながら外交を進める必要がある」と語っていた。

プーチンもこうしたドイツの現状をよく認識している。3月18日のクリミア併合を宣言した演説で、プーチンは特にドイツにかなりの時間を割き、次の様に述べた。

「ヨーロッパ人、とりわけドイツ人は、私を理解するだろう。東西ドイツの統一の政治交渉の過程で、ドイツの同盟国のうちいくつかの国々（英国やフランスのこと）は、統一の考えを支持しなかった。しかし、我々は、ドイツ人の真摯《しんし》で止めることができない統一への願望を無条件に支持した。そのことを皆さんは忘れていないし、ドイツ市民もまた統一を回復したいというロシア人の熱望を支持してくれると期待している」

プーチンのドイツに対する期待と「プーチン理解者」は、互いに呼応し合う関係のように見える。

＊石油、天然ガスの35％を依存

対ロシアの宥和《ゆうわ》的とも言える姿勢と、「ロシア理解者」が出現した背景として、第1に指摘されたのが、ドイツとロシアの資源、経済面での関係緊密化である。

2013年のドイツからロシアへの輸出は機械、自動車などを中心に360億ユーロ（約5兆円）、輸入は石油、天然ガスがほとんどで400億ユーロ。貿易総額は11番目であり、順位としてはさほど高くない（1位フランス、2位オランダ、3位中国、4位米国などとなっている）が、ドイツは石油の36％、天然ガスの35％をロシアからの輸入に頼っており、EUからの対露輸出の3分の1をドイツが占めている。ロシアで活動するドイツ企業は6200社、投資残高は200億ユーロ、ロシア関係の産業に就業しているドイツ人は30万人という。

ちなみに、日中間の貿易総額、中国に進出した日本の企業数、対中直接投資残高と比較すると、ドイツとロシアとの経済関係の規模は、だいたい日中経済関係の4分の1程度である。

2014年3月26日、クリミア併合で対ロシア批判が高まる中、ロシアへの最大投資企業の一つ、ドイツ大手シーメンスのジョー・ケーザー社長がモスクワを訪問し、プーチンと面会した。面会後、同社長は「ドイツ―ロシア間には信頼関係がある」とし、クリミア併合は

「短期間の騒ぎ」と語った。ドイツメディアは、多くの企業家が同社長の姿勢を歓迎している、と伝えた。ドイツ経済界の振る舞いはしたたかだった。

＊ロシアへの接近と米国離れ

第2に指摘できるのは、冷戦崩壊後、ほぼ四半世紀が経過し、ドイツにとって自国を取り巻く安全保障環境が劇的に変わったことだ。東欧諸国がＮＡＴＯに加盟し、ドイツは今や友好国によって囲まれている。ワルシャワ条約機構軍の戦車部隊による西ヨーロッパ侵攻のシナリオや、ソ連核ミサイルが直接的な軍事的脅威として意識されていた時代は、完全に過去のものとなった。ロシアの行動が強引であっても、ドイツの直接的な脅威となるわけではない。

西ドイツ時代、安全保障の最終的な担保は米国の軍事力だったが、今のドイツで、それが意識されることはほとんどない。すでにシュレーダー政権はジョージ・Ｗ・ブッシュ米政権のイラク戦争（２００３年）に際して、戦争反対の立場をとり、戦後ドイツ外交の変容を印象づけた。

ドイツ人一般の米国に対する親近感も、統一後めっきり減少した。

「フランクフルター・アルゲマイネ」紙（２０１３年1月23日付）は、「反米主義のひそかな増大」という見出しで、ドイツ人の対米感情を分析している。

オバマ米大統領は、個人的にはドイツ人の間で人気が高い。しかし、米国そのものへのイメージは、オバマ政権になっても大きく改善していない。１９９０年代まで「ドイツにとって最高の友好国」として米国を挙げる人は約半分いたが、イラク戦争後、急減し、最新の調査では回答者の22％に過ぎない。

こうした風潮は米国からは苦々しく思われている。時間は前後するが、「ヘラルド・トリビューン」紙（２０１２年10月17日付）に掲載されたアメリカン大学国際関係学部長ジェームズ・ゴールドゲイヤーの「ＮＡＴＯを忘れるな」と題する寄稿文は、そのことを率直に訴えている。

欧州連合（ＥＵ）が２０１２年のノーベル平和賞を受賞したことを受けて書かれたこの論文によると、受賞理由にＥＵがヨーロッパを「戦争の大陸から平和の大陸」にしたことを挙げているが、それは米国とＮＡＴＯがなければ実現しなかったことを忘れるべきではない。

冷戦時、米国がソ連軍戦車の侵攻から守る保障を与えたことが、西ヨーロッパ諸国が経済再生に集中することを可能とした。冷戦崩壊後、ＥＵは市場経済、民主化、法の支配、人権擁護といった面で、東欧諸国やバルト諸国の再建を支援したが、それはＮＡＴＯによる安全の保障がなければ不可能だった――という主張である。こうした立場は、ドイツメディアで取り上げられることはまれになった。

＊ドイツ外交の２潮流

プーチンの行動に原理的な共感を示す２人の首相経験者が、ともに社会民主党（ＳＰＤ）の主要政治家であることは、西ドイツ以来の二つの外交潮流を考えれば偶然ではない。

外交潮流の一つは西ドイツ初代アデナウアー政権（１９４９～63年）からの、主にキリスト教民主・社会同盟（ＣＤＵ・ＣＳＵ）により担われてきた西側同盟路線である。西側世界との結びつきを強めることにより西ドイツを強化し、ひいては東側世界の妥協を導こうという考え方だった。

しかし、東ヨーロッパの共産化、東西分断の既成事実化は進み、１９６１年にはベルリンの壁も築かれた。すでにアデナウアー政権の末期には、東ヨーロッパ諸国との関係改善を模索し始めていたが、その本格化が、ＳＰＤ主導のブラント政権（１９６９～74年）が進めた東方外交である。第２次大戦で生まれた分断国家状態や国境線などの現実を追認することで、ソ連や東ヨーロッパ諸国、東ドイツとの関係を改善することに成功した。ブラントの腹心で、首相府次官エゴン・バールが生み出した、関係強化によって東側諸国の変化を促す「接近による変化」が、東方外交を象徴する合言葉になった。

こうして、西ドイツ時代は、アデナウアーが敷いた西側同盟路線の基礎の上に、ソ連圏との関係改善を図る東方外交を進めるのが基本構造だった。

ドイツ統一後は、西方外交、東方外交の二つの潮流のバランスが、次第に東方外交に傾いてきたと見なすことができるだろう。そこには、ヨーロッパが東西冷戦の2極構造で身動きのできない状態から、その構造が崩れ、ヨーロッパ各国がそれぞれの国益に基づき、幅広く外交をする余地が開けた状況が反映している。特にドイツは分断国家状態が解消し、国家主権を回復したことから、外交の余地ははるかに広がった。

冷戦後のヨーロッパでドイツが重点的に取り組んだのは、東ヨーロッパ諸国やバルト3国のNATO、EU加盟を積極的に支援する東への拡大路線である。東ヨーロッパは、かつてドイツの領土や影響圏であった領域を広く抱える。東との関係を取り戻すことを、ドイツが志向するのは、自然なことだった。

メルケルはCDUの伝統的な西側志向を引き継ぐ政治家である。その来歴ゆえに、西ドイツ出身の政治家よりむしろ西側志向が強い。メルケルは1954年、西ドイツ・ハンブルクの生まれだが、出生後数か月で、プロテスタント牧師の父親ホルスト・カスナーが東ドイツの教会に赴任したのに伴い、東ドイツに移住した。前半生を生きた東ドイツの共産主義体制では、牧師の娘であるメルケルは異端の存在であった。彼女は共産主義体制の非人間性を身をもって感じており、人権、自由、民主主義など、基本的価値にこだわる姿勢には、単に建前ではない、彼女自身の実存に関わる真摯なものを感じる。[*17]

したがって、今のプーチン体制の持つ権威主義に対し心を許すことはない。心情的な「プーチン理解者」とは対極の価値観を持つ、と言える。ドイツメディアは、ウクライナ危機においてメルケルが、EU加盟国首脳に対し、内輪話で、「プーチンは信用できない」と発言したとか、オバマとの電話会談で、プーチンを「別の世界に住む人」と評した、と伝えている。シュレーダーのクリミア併合とNATOによるコソボ介入を同一視するかのような発言についても、「恥ずべき比較」と批判した。エネルギー供給源の多角化を図る方針も示して

＊17 三好範英「三選が確実視されるドイツ首相――新『鉄の女』メルケルの実像」『中央公論』2013年10月号、104〜109頁

いる。

とはいえ、「シュピーゲル」誌（２０１４年3月24日号）によると、メルケルが議会演説で、ロシアがこれ以上事態を悪化させるならば経済制裁を発動する、と明言したところ、ＣＤＵ幹部からも「制裁によりドイツが損害を被る」と慎重な意見が出たという。

しかも、３期目のメルケル政権は、ＣＤＵ・ＣＳＵとＳＰＤの右派、左派２大政党による大連立政権であり、外相はシュタインマイヤーである。彼はシュレーダー首相の腹心として首相府長官を務め、ロシア外交を陰で支えた。東方外交の「接近による変化」をもじった「結合による接近」をスローガンにした「新東方外交」に関する論文を、１期目のメルケル政権で外相を務めていた当時、外交問題専門誌「国際政治」（２００７年３／４月号）に発表している。

新東方外交は、経済的にロシアと結びつけば結びつくほど、極論すれば、石油、天然ガスのロシア依存度を高めれば高めるほどドイツにとっての安全保障にもなる、という発想からきている。資源輸出にしか頼れないロシア経済は、西側先進主要国に比して脆弱性を抱えている。ソ連時代もヨーロッパに対し石油、天然ガス供給を停止したことはなかった。相互依存の深化は、ドイツにとっての対ロシア依存より、ロシアにとっての対ドイツ依存の方が決定的に強くなるからである。

2 「東への夢」の対象としてのロシア、中国

＊「我々は西欧になったのか」という自問

ウクライナ危機の深化の中でドイツの議論は、ロシア、あるいはプーチンにシンパシーを感じるようになったドイツ、あるいはドイツ人とは何なのか、という自問に発展していった。

第3章でも言及した歴史学者ヴィンクラーが、「シュピーゲル」誌（2014年4月14日号）に興味深いエッセイを書いている。

「1920年代のドイツでは、ドイツとロシアは気性が似通っている、という過度の思い込みが広がっていた。そのだしに使われたのがドストエフスキーだったが、トーマス・マンも含め知識人が魅了されたのは、ドストエフスキーの持つ、西欧の皮相的な合理主義に背を向けた姿勢だった。この西と東の思想闘争においてドイツがどこに位置しなければならなかったか、というと、東の側だった」

「ヴァイマール共和国時代は右派の政治家、軍人、知識人は、内政においては反共主義を掲

げていたが、ソ連との協力関係強化に努めた。１９２５年に、後のナチ政権宣伝相ヨーゼフ・ゲッベルスは、ユダヤ的な国際主義を克服し、一国社会主義路線に転換したソ連に、『西欧の悪魔的な誘惑と腐敗に対抗するための盟友』の姿を見たのだった」

「プーチンは、同性愛支持プロパガンダ、フェミニズム、放蕩《ほうとう》と戦う一方で、伝統的な家族形態と伝統的価値を支持している。こうしたすべてのことがキリスト教原理主義者や米国の右派の喝采を浴びている。かつてプロレタリア国際主義が成し遂げたことを、今やプーチンの保守的反近代主義が達成しているのだろう。まさに弁証法的転換であり、プーチンは今やヨーロッパの、それどころか世界の反動勢力のパトロンとなったのだ」

このエッセイを読むと、ドイツが西、東どちらの世界に属するのか、ということは、歴史的には決して自明の問題ではなかったことが分かる。ドイツ統一直後に、統一ドイツはもはや西ヨーロッパの国ではなく、中欧（ドイツ語でMitteleuropa）の国として再興する、という議論もあった。

こうした、ドイツ人のアイデンティティーが揺らいでいる、といったテーマは、「シュピーゲル」誌の得意とするもので、いくつか興味深い記事が掲載された。「我々は本当に西ヨーロッパになったのか」という問いを掲げた「(ドイツ人とロシア人は) 気性の似通った同士」(２０１４年４月７日号) という記事はその一つである。

「ドイツとロシアの親密な関係は、両国の経済関係と、左右両政治勢力にある反米主義で説明されることが多い。しかし、もっと深いところでは、戦争とロマン主義の二つの視点から説明することがふさわしい」

「まず第2次世界大戦での独ソ戦はドイツの罪である。この罪ゆえに、今でもドイツ人はウクライナ危機を巡り、ドイツが対ロシア批判を控えたり、穏健な路線をとることが適当だと考えている。今やドイツ—ロシアの間には二つの大戦で育《はぐく》まれた親密さがある。戦争は共通の体験、共通にやり通した体験でもあるからだ」

「もう一つはロマン主義。東はドイツ人の憧憬の空間だった。ロシアの空間の広大さと無限は常に、文明の束縛から解放され、素朴で自然に近い生活を望む人にとって、その気持ちを投影する場所であった。数百万人の追放民 (ドイツ領から第2次大戦中や直後に追放されたドイツ人) の存在はその気持ちを強化した。彼らにとって東は、失われた空間であり、すなわち故郷であった」

「ロシアへの憧憬と西側世界と一線を画する姿勢とは対になっている。西側世界を表面的と見なす考え方と、ロシアの精神世界の深さとが対比される。ロマン主義的なものは常に反民主主義的な傾向を持っており、闘争より調和、統一を志向するのである」

「端的な例が、トーマス・マンが第1次大戦中に書いた『非政治的人間の考察』だ。ここでマンは『ドイツ的なるもの』を『文化、魂、自由、芸術であり、文明、社会、投票権、文学ではない』と定義し、西側世界に対置した。歴史家ヴィンクラーによれば、ドイツ的なるものと西側世界を対置するのは、1914年（第1次大戦）の思想『秩序、規律、内面性』と1789年（フランス革命）の思想『自由、平等、博愛』の対立でもある」

「ウクライナ危機と東西対立は、ドイツが西側世界への道をたどってきた、という考えに修正を迫り、『ドイツの特殊な役割』という考えがまた浮上している。ドイツは他の西ヨーロッパ諸国とは違い、ロシアと特殊な関係がある、という点が強調され始めている。ヨーロッパの中央に位置している、という考えが復活したのだ」

ただ、ロシアに対する宥和姿勢を問題視する見方や、西側重視の姿勢を変えてはならない、との主張も根強いことも指摘しておきたい。

西ドイツ以来のCDUの正統的継承者ヴォルフガング・ショイブレ財務相は、ロシアに対する宥和姿勢に危機感を持つ一人だろう。ショイブレは2014年4月に、「プーチンのやり方は、ヒトラーがズデーテン地方でやったことと同じ」などと話し、プーチンのウクライナでの行動を、ナチ・ドイツが1938年にチェコスロバキアのズデーテン地方を併合した歴史と類比した。

ロシア専門記者のクリスティアン・ネーフによる「シュピーゲル」誌の「そろそろロシアへのロマンチシズムはやめるべきだ」（2014年4月7日号）というタイトルのエッセイは、以下の様に主張する。

「ロシアはヨーロッパではないし、今後も決してならないだろう。『ロシア理解者』としてのヘルムート・シュミットの主張が反響を呼ぶのは、ロシアに対する罪の意識があるからだ。ドイツ人は間違いを自分自身に見いだそうとする。そこでロシア像がますます現実から離れてしまう。ロシア人を冷めた目で見て、ロシア人に対するロマン主義と歴史的な重荷を過去のものとしなければ、まともな戦略を構築することはできないだろう」

確かに長期的な傾向は、東側との関係強化の道が優勢である。ただ、現実のドイツ外交が一挙に脱西側、親ロシアに傾くということではない。少なくともメルケルがその様な路線を歩まないことは明白である。制裁解除を求める経済界などからの圧力は常にあるが、経済制裁で他西側諸国との調和を崩すことなく、同時に、プーチンとの対話の窓口は常に開けておく、といった現実的な姿勢を続けていくのだろう。

＊東への夢がもたらすもの

ユーラシア大陸の、ほぼ西の端に属する国家として、ドイツ人は東に対する憧憬、その逆に繰り返し侵略者が押し寄せた異境への畏怖《いふ》を、身をもって感じるのではないか。ドイツの東への夢は、海ではなく陸を経由してのものである。東への視線の到達点は中国である。

中国との経済関係が深まったのは、中国が鄧小平指導体制のもと、改革開放政策を開始（１９７８年）して以降、１９８０年代になってからである。しかし、特にこの10年の急速な発展は、刮目に値する。

ドイツの２０１４年の対中輸出額は、７４５億ユーロ。輸出相手国としてはフランス、米国、英国に次いで４番目だが、中国からの輸入額は７９５億ユーロで、オランダに次ぎ２番目の地位を占める。03年のドイツの対中輸出は１８３億ユーロ、輸入は２５７億ユーロだったから、11年間で輸出は約４倍、輸入は約３倍の増加である。

すでに２００２年に、ドイツにとってアジア最大の貿易相手国は、輸出入とも日本から中国に取って代わられ、日本との貿易額は過去10年間、ほぼ横ばいの状態が続いているから、中国との差は開くばかりである。

ドイツの対中直接投資の伸びは、さらに顕著だ。ドイツ連邦銀行の統計によると、ドイツの2012年までの対中直接投資残高は448億ユーロ。10年前02年の対中直接投資残高は65億ユーロだったから、7倍近い大幅な伸びを示したことが分かる。

経済関係緊密化の典型的な例が、自動車産業、特にフォルクスワーゲン・グループだろう。ドイツ企業として、また世界の主要自動車メーカーとしては最も早い時期である1985年に上海に進出した。2013年、同社の新車販売台数は世界で970万台。そのうち中国では327万台（前年比16％増）となり、今やドイツでの116万台（同1・4％減）、ドイツを除く西ヨーロッパでの185万台（同0・1％増）を合わせた台数をはるかに上回る販売実績をあげている。もはや中国市場なしにドイツの自動車産業は存続できない段階に来ている。

2011年にはドイツ―中国間が鉄路で結びついた。ヨーロッパからロシア、中央アジア、新疆《しんきょう》を経由して中国に至るまさに新シルクロードであり、ライン川に有数の港湾を有するドイツ・デュースブルクと中国・重慶を結ぶ長距離貨物列車が運行を開始している。

こうした経済関係の緊密化は政治面での関係強化にもつながる。

メルケルは当初、対中外交にも自由や人権などの価値重視の姿勢を持ち込もうとした。２００７年９月23日にはチベット仏教最高指導者、ダライ・ラマ14世を首相府に迎え会談を行った。中国政府は猛反発し、政府間や経済界の会合も、相次いでキャンセルになった。関係正常化には、08年１月、ベルリンで行われたシュタインマイヤー外相と楊潔篪《けっち》外相の会談を待たねばならなかった。メルケルが人権を盾に、中国と正面から衝突したのはこれが最後となった。

２００９年に顕在化したユーロ危機は、ヨーロッパでの中国の存在感をさらに高めた。欧州金融安定基金（ＥＦＳＦ）債の購入を通じて、中国のユーロ安定化への貢献が期待されたからである。

２０１１年６月の温首相の訪独では、閣僚13人が同行し、首脳会談にドイツ―中国の閣僚も加わる「政府間協議」の形をとった。ドイツが他にこの形式の外交協議を行っている国は、イタリア、スペイン、ロシア、ポーランド、イスラエル、インドである。フランスとの協議は、「共通閣議」に格上げされており、米国とも実質的に同じ形式で行っている。

ドイツの東への志向が中国にまで至ることは、ドイツの持つ「危うさ」が日本にとって直接的なものになることを意味する。

第5章　中国に共鳴するドイツの歴史観

ドイツの東方への夢が中国に行き着くとき、日本として看過できない現実の懸念が生まれる。すなわち、歴史認識での共鳴を通じて、ドイツが様々な問題において中国の側に立つ懸念である。ドイツがヨーロッパでの主導性を鮮明にし始めているだけに、東アジアの均衡のみならず、極論すれば、世界的なパワーバランスの変動にも結びつきかねない問題である。

ドイツの東アジアに対する関心は、元来、経済的利益を中心にしたものである。歴史的には文化的なエキゾティズムがあったが、現在では、東アジアの国際政治に積極的に関与しようとする志向は薄い。しかし、歴史認識を巡る日本と中国との激しい対立を見て、ドイツはメディアを中心に日本の「修正主義的」な歴史認識への批判を強め始めている。

ドイツの中国への傾斜は、両国の経済関係の緊密化で説明されることが多かったが、問題は、歴史認識そのものにあるのかもしれない。大胆な仮説だが、ナチズムの否定を絶対的な基準に置く倫理化したドイツの歴史認識は、その基本的な発想の型において、ロシアや中国のような大陸国家的な歴史認識と相通じる面があるのかもしれない。

1　歴史問題での攻勢

＊ドイツを舞台に反日キャンペーン

中国の習近平国家主席は、２０１４年３月22日から４月１日まで11日間に及ぶヨーロッパ歴訪を行った。とりわけ日本で注目されたのは、習はこの機会を対日歴史キャンペーンのために最大限利用するだろう、と予想されたからだ。果たして28日、ベルリンのホテルで行った講演で、中国の平和的発展を強調する一方、日本を名指しして批判を展開した。

「歴史は最良の教師だ。１８４０年のアヘン戦争から１９４９年の人民共和国建国まで、中国はしばしば戦争と武力紛争の現場となった。日本の軍国主義者による侵略戦争だけで、３５００万人の中国人犠牲者（犠牲者はドイツ語の翻訳でOpfer）が出た」

さらに、日本軍による南京攻略（１９３７年）の際、中国民間人保護に当たり、日本でも「ラーベの日記」で知られるシーメンス社中国駐在員ジョン・ラーベを「中国人が大変尊敬しているドイツ人の友人」と紹介した上で、「１９３７年日本の軍国主義者は、南京を占領した。そこで彼らはとてつもなく残虐な大殺戮を行い、30万人以上の中国人犠牲者

(Opfer)が出た。南京でラーベは他の外国人とともに『南京安全地帯』を設置し、20万人以上の中国人に避難所を提供した。中国とドイツ共同でジョン・ラーベ・ハウスを開館し、昨年末には南京市が出資してラーベの墓所が落成した。中国人はラーベの平和への献身を忘れない」

演説の最終部分では、ブラント元西ドイツ首相の言葉として「過去を忘れる者は心を病む」を引用した。これはブラントが1970年、ソ連との関係改善を目指し、モスクワを訪問した際の発言だ。

時期は前後するが、2013年5月25～27日に行われた李克強・中国首相のベルリン訪問も、日本を孤立させる意図を色濃く感じさせるものだった。当時焦点となっていたのは、尖閣諸島を巡る問題だった。

李はベルリン近郊のポツダムを訪問し、ツェツィーリエンホーフ宮殿の中庭を記者会見の場に選び、「日本は盗み取った中国の領土を返さなければならない」と語った。ポツダム、なかんずくツェツィーリエンホーフは、言うまでもなく、1945年7～8月、米英ソ3か国の首脳が、第2次大戦の戦争処理を決めたポツダム会談を開いた場所である。

李の記者会見の際は、地元ブランデンブルク州のマティアス・プラツェック州首相が隣に並び、あたかも中国とドイツが共同歩調をとっているがごとき印象を与えた。中国は、安倍首相による靖国神社参拝などを「戦後の国際秩序に対する挑戦」と批判しているが、ポツダムが「戦後秩序」の一つの象徴であることは言うまでもない。

中国の対日批判キャンペーンは欧米主要国を中心に全世界を対象にしている。ただ、先進主要国でも最も重点を置かれているのがドイツである。中国にとってドイツは利用しがいのある国なのである。

*中国になびくドイツメディア

中国の対日批判キャンペーンは、とりわけドイツメディアに効果を発揮している。ドイツメディアは、歴史認識問題に関して、あけすけなまでに日本に批判的な立場に偏している。とりわけ最近は、ドイツは過去の克服を真摯になしとげたが、日本人は過去の罪の隠蔽《いんぺい》と自己正当化を行っている、という論理を躊躇《ちゅうちょ》なく掲げるようになった。

保守系紙「フランクフルター・アルゲマイネ」（2013年12月3日付）社説は、2013年11月23日の中国による一方的な防空識別圏設定について、「歴史を清算していない」日本に非があるかのように論じている。

「中国が防空識別圏を、日本、韓国も主張している島の上空に宣言してから、領土紛争は新しい段階に入った。つまり尖閣／釣魚を巡る紛争は軍事化したのだ。アメリカはすぐさまB52長距離爆撃機をこの空域に飛ばした。これは、中国の一方的なステップによる領土要求を承認するつもりはないという中国に対する意思表示だった。もっともこれは日本に対し無分別な行動に出ないようにとの警告でもあった」

「この地域の政治的雰囲気は、危険な形で掘り返されている。中国、日本、韓国で、それに利益を見いだす政治勢力が、人々の根底にあるナショナリズムの感情に、いつも新たな空気を送っている。一方で、日本による占領の経験が一つの役割を果たしている。この経験は、政治的に容易に動員することができる。日本政府が日本の歴史的罪を知ろうとせず、政治的にまったく歴史を清算していないからなおさらである」

ここでもドイツと米英の報道の差は顕著である。たとえば、英紙「フィナンシャル・タイムズ」（11月26日付）の「太平洋における無責任なゲーム　中国は係争の島に関して圧力を強めるのをやめるべきだ」は、次の様に主張をしている。

「両国の主張が何であれ、中国はばかげた行いをしている。この島は、アメリカが沖縄の一部として1945～72年まで管理していた時期を除き、100年以上も日本によって管轄されている。中国はこの現状を脅迫によって変えようとしている。この島は重要な潜水艦の航路に位置しており、ここを管理すれば、中国が沿岸水域を越えて進出しようとする野望を実現する助けになる。また、歴史的な恨みを果たすことにもなる」

また、米紙「ウォール・ストリート・ジャーナル」（12月5日付）社説も、「中国は勃興する権威主義的勢力であり、歴史の教訓によれば、すでに地位を確立した勢力がそうした膨張主義的行動を十分に速やかにやめさせなければ、平和は危機に瀕する。もし世界が最初から、中国の軍国主義が抵抗に遭うことを示さなければ、中国は（対外膨張策を続け、第１次大戦の遠因になったとされるドイツ第２帝政のような）今世紀のドイツ帝政になる可能性もある」などと、中国に対し厳しい姿勢を打ち出している。

防空識別圏の設定に直面して、中国の軍事膨張姿勢に東アジアの緊張の本質的原因を見ており、もはや歴史認識問題に言及することはない。

その年のもう一つの争点、安倍首相の靖国神社参拝（２０１３年12月26日）に関して、リベラル系紙「ツァイト」（12月26日付電子版）は、「ドイツが第２次大戦の犯罪を清算したのに対し、日本は多くの部分を実行していない。いまだに、従軍慰安婦の運命について公的な立場の者が否定する……主要政治家は繰り返し南京虐殺を否定している。この虐殺ではおそらく最大30万人の中国人が惨殺されたのだ……西側の観察者にとっていぶかしいのは、日本の文部科学省が戦争犯罪を過小評価し、それが原因で、繰り返し外交紛争が発生していることだ」と報じている。

ここでも英国の報道は、靖国神社参拝に批判的だが道義的批判一本槍ではなく、含みを持たせている。英国の世論は、第2次大戦戦勝国として日本国内の「歴史修正主義」の台頭には警戒的だが、原発事故の際の報道と同様、巧みなバランス感覚を感じさせる。

「フィナンシャル・タイムズ」紙（2014年1月1日付電子版）のコメント「靖国神社を遠ざけることも、安倍首相にとって遺憾を表明する一つの方法かもしれない」は、靖国参拝を批判しているが、日本は一度も謝罪したことがない、との批判は正しくない、とも指摘している。また、アムリッツァルの虐殺（1919年、インド北部で起きたイギリス部隊によるインド人市民虐殺事件）に関し英国のキャメロン首相が「非常に恥ずべきだ」としながらも、「自分が生まれる前のことに関し、遺憾の意を表することはできない」と述べたことにも言及して、日本の立場の相対化を図っている。

＊安倍政権の「歴史修正主義」への攻撃

ドイツメディアは２０１２年12月の第２次安倍内閣の発足以降、安倍首相を「ナショナリスト」「歴史修正主義者」と決めつけ、その政治の「危険性」を強調する報道を続けている。

２０１４年８月、朝日新聞が、いわゆる従軍慰安婦問題について誤報を認めた件について報じるドイツメディアの記事の一例として、リベラル系「南ドイツ新聞」（２０１４年９月20日付）の「首相対新聞　日本の首相は政権に批判的な朝日新聞をやっかい払いしようとしている」を抄訳しよう。

「『世界中の人々が不当にも朝鮮の性奴隷を追悼するようになったのは、朝日新聞に責任がある』。日本の安倍首相はテレビで最近そう述べた。首相が修正を求めたことは、大新聞で唯一、リベラルな反対派として反政府の立場をとる朝日新聞を始末する新たな試みだ。安倍は、朝日新聞によって引用された証言が間違いであったことがはっきりしたことで、性奴隷のすべての歴史を取り除こうとしている。多くの日本人が、あたかも20万～30万人の朝鮮人、中国人、フィリピン人、インドネシア人の奴隷化が朝日新聞の捏造《ねつぞう》であるかのようにののしっている」

「フランクフルター・アルゲマイネ」紙（９月16日付）の記事「日本の国家主義者は好機を

かぎつけている」も、従軍慰安婦を「第2次大戦前と戦争期間中、日本軍により暴力的に前線の売春宿に拉致され、そこで捕虜のように拘束された数万人の朝鮮人女性性奴隷」と定義する。そして安倍政権は、誤報問題を好機と見て「日本から戦争の残虐行為の罪を免れさせようとしている」。さらにドイツの過去の克服を引き合いに出し、「ドイツの閣僚が、うそと分かった一つの証言（誤報問題での吉田清治証言を示唆）のためにホロコーストの存在を否定することを想像したらよい。同じことを日本の右派は行っている」と断じるのである。

ここでも、再び英紙「フィナンシャル・タイムズ」の記事を取り上げたい。見出しは「戦争での残虐行為　メディアの犯罪か醜い弁解か」（2014年8月16／17日付）で、安倍政権の「修正主義的傾向」には批判的だが、保守派の主張も取り上げ、バランスのとれた姿勢が感じ取れる報道である。

「今や朝日新聞は、研究者が長年そうであると信じてきたこと、つまり吉田清治の話はほぼ間違いなく作り話だったということを認めたことにより、新たな騒ぎを引き起こしている。この例外的な撤回は、近年、とりわけ、修正主義者の首相である安倍晋三の台頭により、政治的な発言が声高になっている日本の右派の間に怒りを引き起こし、ほくそ笑ませている」

「かねて保守派は朝日が『自虐的な』歴史認識を広めている、として非難してきた。そして、現代の視点からは容認できないが、慰安婦制度は他国によって犯された戦時の性的な略奪行為に比べて悪いわけではない、と主張してきた。徘徊《はいかい》する日本軍により誘拐された『性奴隷』と女性たちを描写することは、（保守派の間に）最も強い怒りを呼んできた。批判者の中にはさらに進んで、慰安婦問題の議論を完全に終わりにしたり、日本の行為に対する過去の謝罪の変更を求めるために、この撤回を利用しようとする人もいる」

「『これは慰安婦問題ではない。これは朝日新聞の問題だ』と池田信夫という保守系の有名なブロガーは書いた。彼によれば、ほとんどが民間の仲介人により調達された女性たちは単に『売春婦』に過ぎない。この考えは保守派の間では一般的な評価であり、人権活動家や歴史家からは異議を唱えられている。そして池田はこの新聞による報道は『戦後最大のメディア犯罪だ』と書いている」

個々の事実認識はドイツメディアよりも正確であり、左右両派の考えを取り込み、糾弾調にはなっていない。ドイツメディアの記事との間には大きな質的水準の違いを感じる。

＊アカデミズムに広がる否定的日本観

以上のようなドイツメディアの認識は、多くのドイツ知識人に共有されている。２０１４

年9月にベルリンを訪問し、国際政治学者、歴史学者などに話を聞く機会があったが、尖閣問題で中国の肩を持つかのような現状認識、日本の「ナショナリズム」に対する一方的な論難、それと裏腹に過去の克服を真摯に果たしたと自認するドイツ知識人の姿などを改めて確認した。

ドイツの中国政治研究の第一人者である「ドイツ外交政策協会」(DGAP)のエーバーハルト・ザントシュナイダー所長は、「一般的に国際政治において地理的条件が重要だ。日本の視点から見てまったく違うというのは理解できる」と前置きした上で、次のように答えた。

「中国は膨張していない。ヨーロッパの文脈で言うと、中国は帝国主義勢力ではない。中国は国家主権、領土の不可侵を確定することに賛成な権力だ。ただ、中国は海洋においても境界を周辺国とは異なって定義しようとし、自国の利益を守るためにあらゆることをしようとしている。それが問題を起こしている。しかし、中国はロシアのような野望は持っていない。台湾は例外だが、フィリピンやベトナムの一部を占領しようとか、侵略しようといった意図はない。そこは理性的に判断しなければならない。ヨーロッパの視点から見ると、解決できない問題なのか、ということだ。中国が領土をあきらめることもありえない。したがって、日中がいったん達成したやり方、つまり問題を括弧に入れ、それから徐々に歴史にしていく、というやり方はできないのか。ドイツの東の国境の画定も同じように行った」

彼によれば、尖閣諸島を巡る今の日中対立に関して、悪いのは日本である。

「1972年の棚上げの合意を破り、国有化（2012年）によって状況を再び悪化させたのは明らかに日本だ。現状変更を行ったのは日本であり、中国はそれに対応した」のである。ザントシュナイダーの見解は、日本政府が否定している棚上げ合意の存在を前提とするなど、中国側の情報を主な判断材料としているようにうかがえた。

領土問題に関し付言すれば、私の経験だが、ドイツ人ジャーナリストも参加する集まりで、尖閣諸島を巡る問題について「歴史的、国際法的に尖閣諸島が日本の領土であることは明白」と発言したところ、「ある領土が明白にある国に属するなどということはない」と冷笑されたことがある。歴史上めまぐるしく領土の変更にさらされ、とりわけ第２次大戦の結果、それまでの領土の約４分の１を失った過去を持つドイツ知識人の多くは、一般的に領土問題そのものにシニカルである。

＊「日本で人権否定の動きが見える」と語る歴史家

もう一人、フンボルト大学の研究室で話を聞いたのは、先に言及した歴史学者ヴィンクラーである。

ヴィンクラーは右派政治勢力として反ユーロ政党「ドイツのための別の選択」（ＡｆＤ）が台頭していることへの強い警戒感を語った。彼によれば、ＡｆＤはドイツにおいて、「右派の反西洋的傾向がルネサンスを迎えている」、言い換えれば「再国家主義化」が進んでいることを意味している。この傾向は国際的な並行現象を見せており、代表する政治家が、トルコのエルドアン大統領、インドのモディ首相、日本の安倍首相なのである。そこから、彼の話は次第に日本の「ナショナリズム台頭」への批判へと移っていった。

次は交わしたやりとりの抜粋である。

2014年9月22日、ベルリンでインタビューに答えるヴィンクラー氏

――日中間の対立をどう見るか。

「中国、日本両国で事態を悪化させないことが大切だ。ナショナリスティックな言説が高揚しており、安倍政権下でそれが起きている。それを沈静化させることが大切であり、交渉により平和的なモーダス・ヴィヴェンディ（暫定協定）を実現することが大切だ。ヨーロッパはナショナリズムに対してアレルギーを持っている」

――安倍政権の対中、対韓外交は自制的だ。

「しかし、日本では西洋の価値から距離を置こうとする動きが見える。すなわち、譲渡できない人権や個人主義を拒否し、日本社会の伝統を西洋の理想主義、個人主義に対置しようとする動きだ。それは私をいらだたせる。それは賢明な道とは思わない。過去数十年にわたる西洋の価値の受容は、日本の大きな達成であり、価値のレベルでのアメリカのみならず西洋へ距離を置くことは注視されるとともに、懸念されている」

「譲渡不能な人権があるのであり、そのことをドイツ人は非常に苦労をして学んだのだった。日本も多くの知識人が、人権とは譲渡不能なものであり、生まれながらのものであるとはっきり支持するように望む」

――日本にも人権侵害はあるが、しかし……

「私が言いたいのは哲学的な次元の話だ。譲渡不可能な人権についての根本的な確信か、根本的な疑念の提起かの問題だ。つまり、あたかも人権を外国からの輸入品か、1945年の敗戦による産物と見なして、修正が必要なものとして提示するような動きが、自民党の周辺にはあるように見られることだ。それはドイツが第1次大戦敗戦後に民主主義について、それは戦勝国の国家体制でドイツ的ではない、と言っていたのと同じで、もし日本に並行現象が見られるとしたら危険だ」

「もちろん自国の過去への対し方は、その国のやり方がある。新聞がこの問題を捏造したといっても、強制された売春（いわゆる従軍慰安婦問題）という悲惨な出来事を避けて、くだらないおしゃべりをするべきではない。この問題が世の中からなくなるわけではない。自国史の陰鬱《いんうつ》な章について開かれた関わり合いを持つことは、解放の側面も持つ。ドイツ人が今日、罪から解放されているように感じるのは、それは自国の歴史に批判的に対処することを、苦労して学んだからだ。逆戻りがあれば議論が起きた」

——「日本的な民主主義」もありうる。

「しかし、中国から同じように、人権は中国的に解釈されねばならない、という声を聞く。しかし、人権はどこでも適用されるものであり、かつ完成されないプロジェクトだ。国の特殊性を人権の相対化に使ってはいけない」

——日本でも、歴史を巡る活発な議論があった。

「そのことが決定的に重要だ。この問題に関する開かれた、異論を戦わせる討論をすることが大切だ。西洋の政治文化は常に闘争文化だった。中国から聞こえてくる調和ではない。調和とは根本的な共通性の上に立った徹底的な討論を経て初めて成立する」

ヴィンクラーの話を聞いていて、福島第１原発事故の際に一部のドイツ人が露《あら》わにした、多分に思い込みに基づいた道徳的な高みからの、一方的に他者攻撃を行う姿勢を想起した。ヴィンクラーはドイツの現状に対しても批判的だが、やはりドイツは負の過去について自己批判を重ねたが、日本にはそういう過程はなかった、という認識を前提としている。日本にも中国にも、西欧的人権概念に対する疑念があることは事実だが、日中のそれを同列に論じるのも気になる。

私のこのインタビューの前段でヴィンクラーは、フランス革命（１７８９年）やアメリカ独立宣言（１７７６年）の天賦人権説、啓蒙思想を最も根底的な価値に置く、と語った。日本の自民党政権が志向するのは、こうした西欧近代啓蒙思想からの逸脱だというのだが、日本を主導する政治家が、広い意味で人間の尊厳を踏みにじる思想を抱いているとは思えない。

西欧近代思想の限界が指摘されてから、すでに長い時間が経つ。人権の重要性は言をまたないが、21世紀に生きる日本人として、この西欧啓蒙思想を絶対の基準とする考え方を素直に受け取ることは難しくなっているのではないか。

ちょうどインタビューを行った前日の「ヴェルト」紙日曜版（2014年9月21日付）に、ヴィンクラーを取り上げた記事が掲載されていた。この記事によると、ヴィンクラーは「国家歴史家」である。西ドイツ以来の「正統的な思想」を体現した歴史家という意味である。ヴィンクラーが、ドイツにとって戦後70年に当たる2015年5月8日に、歴史学者では初めて連邦議会における終戦記念日演説を行ったのは、そのことを物語っている。

＊危ういドイツ政府のアジア認識

ドイツ政府の公式見解は、メディアやアカデミズムほど歴史認識問題で偏してはいない。しかし、偏向したイメージがドイツの政治家や外交当局者を一層厳しい対日姿勢に向かわせる懸念を払拭《ふっしょく》できない。

日常的に中国当局はドイツの政界、官界、経済界、メディアに対して熱心かつ執拗な働きかけを行っている。2011年12月、ドイツ政権与党幹部の議会事務所で、顧問（政策スタッフ）と雑談していると、「中国の外交官は頻繁に接触してくる。しかも、長期間同じ人間が担当するので、人間関係を維持できる」と言っていたのが記憶に残る。

実際にドイツ政府と経済界が、中国の歴史認識を後押しする行動をとっている。一例を挙げれば、習近平がベルリン演説で言及したジョン・ラーベ・ハウスは、ニーダーザクセン州が資金を提供し、建設されたものである。

２００３～10年にニーダーザクセン州首相を務めたクリスティアン・ヴルフ前ドイツ大統領（在任２０１０～12年）の回想録によると、同州にとって中国は最も重要な貿易相手国であり、２００５年、07年に大規模な経済代表団を送った。最初の訪問時にヴルフは、当時のドイツ外務省上海総領事の提言を受けて、ラーベに関する記念事業の支援をすることにした。ラーベ・ハウスは外務省とドイツ企業の支援を受けて２００６年に開館した。[*18] ドイツの支援理由は、普遍的な人道的精神に基づき人命救助に奔走した「中国のシンドラー」ことラーベの顕彰だが、当然、ドイツ企業の中国進出を側面支援する思惑があった。

ドイツ政府報道官のシュテフェン・ザイバートは、２０１３年12月30日の定例記者会見で、

＊18　Christian Wulff, *GANZ OBEN GANZ UNTEN*, 2014, München, S.245.

安倍首相の靖国神社参拝について、次のように述べた。

「どの国も20世紀の陰惨な戦争の出来事においてどのような役割を果たしたのか、真摯に釈明しなければならない。こうした真摯な釈明の基礎の上に、かつての敵国と未来を築くことができる。これはドイツが真剣に受け止めている確信であり、私の考えではすべての国家に当てはまる」。ザイバートは、日本の内政に関しては発言したくない、基本的な考えを述べる、と前置きした上で答えているのだが、日本がドイツとは違い、過去の真摯な反省を欠いている、という見方をやはり婉曲《えんきょく》に表明している。

2015年3月のメルケル訪日において、朝日新聞社主催の講演を引き受けたことについて、その意思決定に加わったドイツ外交官は「確かに政治的な目的があった」と認めた。日本担当の外交官や研究者の意見も聞きながら、首相府の側近で決定したことだという。歴史問題は現実にドイツの対日外交の方向に影響を与えるだけの要素になっている。

＊ナチズムと日本の戦争犯罪は比較できるか

歴史認識問題において日本とドイツを結びつける主張は、多くの場合、両国のたどってきた道の相違を意図的に無視するか、あるいは無自覚のままである。しかし、日本とドイツの第2次大戦の戦争遂行と戦争処理の経緯には、単純には比較できない相違があった。また、ドイツを中心とするヨーロッパで、歴史認識問題がきれいさっぱり解決したわけではない。この問題で日本とドイツを比較する際の基本的な視座を2点指摘したい。

第1に、ドイツの場合、過去の克服は、謝罪、補償、国内の法的措置のいずれの面でも、ホロコーストという何人も正当化できない絶対悪を前提として組み立てられてきた。「歴史において模範も経験もない制度」と明記された「連邦補償法」による「ナチスの迫害の犠牲者」への補償、[*19]ナチ戦犯の追及のための集団虐殺（ドイツ語でVölkermord）、虐殺(Mord) 罪の時効の廃止、ナチズムに関する表象（かぎ十字やナチ式あいさつ）を公共の場で示すことを刑法で禁じたこと――は、そうしたドイツの特殊な過去克服の例である。西ドイツはホロコーストの贖罪と補償を国家存立の根幹に据える道を選んだのだった。

1980年代、西ドイツの右派、左派の歴史学者の間で戦わされた「歴史家論争」において、ナチズムとスターリニズムなどとの比較検討を拒む立場の根拠が、このホロコーストの唯一性（ドイツ語でEinzigartigkeit）だった。すなわち、ホロコーストと、他の歴史上の

＊19　粟屋憲太郎他『戦争責任・戦後責任　日本とドイツはどう違うか』朝日新聞社、1994年、186頁

残虐行為との比較そのものが、ドイツのかつての非道を相対化する、という主張である。左派の学者は、右派の学者エルンスト・ノルテによる「第三帝国（ナチ・ドイツ）のユダヤ人虐殺は、一つの反作用か歪曲《わいきょく》されたコピーであり、第一幕でもオリジナルではなかった……第三帝国は、特にその最も重要な前提条件としてロシア革命に関係づけられねばならない」[*20]といった主張の中に、戦後ドイツが担わねばならない責任を免れようとする意図が隠されている、と糾弾したのだった。

それが今では、もとより左派色の強いドイツメディアが、ナチズムと日本の戦争犯罪を比較し、ドイツは真摯に過去を克服したが日本はしていない、という主張を公然と掲げるようになっている。しかし、ホロコーストの唯一性を棚上げにしていいわけはない。

第2に、ドイツの戦争処理の特殊性を生み出したのは、戦後、ドイツが東西に分断され、平和条約を結んで国家賠償を支払う通常の戦争処理ができなかったからである。その代わり、西ドイツは「連邦補償法」や2国間協定で、国内外の「ナチスの迫害の犠牲者」に多額の補償を行ってきた。１９９０年にドイツ統一が実現した際も、賠償交渉を旧交戦国と重ね平和条約を結ぶ、という戦争処理の仕方をとらなかった。

連邦補償法による支払いを中心に、西ドイツ時代から２０１２年末までの補償実績は、ドイツ財務省の資料によれば、総額で７００億ユーロ（９兆８０００億円）になる。その補償実績も一つの根拠にして、ドイツ政府はドイツ統一（１９９０年）を米ソ英仏の４か国が認めた「最終規定条約」（２＋４条約）で、「戦争によって生じた法的問題は解決済み」という立場をとっている。

ただ、同条約は賠償問題や請求権について規定していない。だから、諸外国から賠償問題は未解決、と突っ込まれる余地は完全には払拭されていない、と見るべきだろう。

ガウク・ドイツ大統領が２０１４年3月、ギリシャを訪問した際、カルロス・パプリアス大統領はナチ・ドイツがギリシャで行った虐殺事件などに対する賠償を改めて求めた。ギリシャ政府はドイツとの賠償問題は未解決との立場をとり、２００２年にはアテネにあるドイツ政府の文化施設ゲーテ・インスティテュートを差し押さえたこともある。

この点、一部の例外を除き、平和条約を結び、賠償問題を解決した日本の方が通常のやり方だったし、本来は望ましい処理の仕方だったはずである。

＊20　*Historikerstreit. Die Dokumentation der Kontroverse um die Einzigartigkeit der nationalsozialistischen Judenvernichtung*, München, 1987, S.33.

対ポーランド関係では、第2次大戦に絡む「追放民問題」が依然、両国関係のとげとなっている。旧ドイツ領から強制的に追放されたドイツ人追放民をテーマにした歴史館「追放に反対するセンター」建設計画が、1990年代末に持ち上がったが、ポーランドは「ドイツ人自身を犠牲者とすることで、歴史を改ざんしようとしている」と抵抗したため、計画ははかどらなかった。ようやく2016年に開館する予定は立ったが、展示ではヨーロッパで起きた多くの強制移住の悲劇の一例としてしか「追放民問題」を取り上げることは許されないだろう。

確かに、歴史認識問題そのものが、外交関係悪化の主因となっている東アジアの現状は深刻である。ただ、ドイツあるいはヨーロッパが歴史認識問題を免れた近隣関係を完成させたわけではない。ヨーロッパにおいてもまだ「歴史」は死んでおらず、ことあるごとに頭をもたげる。

＊ドイツこそが「特別な例」

「はじめに」で触れた2015年3月9、10日の来日の際、メルケルは朝日新聞社主催の講演会で、「ドイツは幸運だった。フランスを始め国際社会がドイツとの和解を受け入れたからだ」と、中韓に日本との和解努力を促したとも受け取れる発言もしている。
米国の政治学者ジェニファー・リンドは、米外交専門誌「フォーリン・アフェアーズ」（２００９年５／６月号）に、「西ドイツとフランスは、西ドイツが過去の罪を償う前に和解を果たした。謝罪はなくてもかつての敵国同士は和解が可能である。謝罪は国内の保守派の反対論に火を付け、和解にはかえって逆効果」との趣旨の論文を発表し注目された。
フランスが和解の手をさしのべた背景には、お互いに幾度となく戦火を交え勝者となり敗者となった歴史があり、いわば「被害」と「加害」の均衡があったこと、すでに両国とも先進国の価値を共有できる国家であったこと、ソ連に対抗するために結束しなければならなかったこと――などを指摘することができるだろう。こうした条件を満たす２国間関係は東アジアにはない。ドイツにとってのフランスに該当する国は日本には存在しない。仮に比較することに意味があるとすれば、日韓関係はドイツ―ポーランド関係だし、日中関係はドイツ―ロシア関係だろう。[*21]
日本の歴史認識に関する議論は、日本軍による戦争犯罪をナチ犯罪のように歴史上唯一の

＊21　三好範英『蘇る「国家」と「歴史」ポスト冷戦20年の欧州』芙蓉書房出版、２００９年、１７１～１７４頁

絶対悪、人道に対する罪とまで位置づけるには無理があることから、ドイツのような一方的な断罪の議論とはならなかった。したがって、歴史認識は多様で、日本国内で「正しい歴史認識」で一致することは難しかった。

歴史認識問題に関し国内に意見の幅があるのが、成熟した社会においては通常の姿であろう。その点で日本の現状は米国、英国、フランスといった先進国と同様なのであり、ドイツが「特別な例（ドイツ語でSonderfall)」なのである。

＊中国に向けた冷めた目

日本を知悉《ちしつ》するドイツの外交当局者を中心に、冷めた目で今の東アジア情勢を見る見方があることも指摘しておかねばならない。

中国重視外交の優勢に押されてはいるが、ドイツ政治、とりわけキリスト教民主同盟（CDU）には、伝統的に外交における自由、民主主義など西側の価値を重視する流れがある。冷戦時代の米国との同盟関係を重視するアトランティカー（大西洋主義者）と呼ばれる人々の流れを汲《く》んだCDU内のグループである。

2007年10月に発表されたキリスト教民主・社会同盟（CDU・CSU）連邦議会会派

による「ドイツ、ヨーロッパにとっての戦略的挑戦とチャンスとしてのアジア」と題する戦略文書は、中国の非民主的な権威主義的体制モデルを警戒し、日本を重視する立場が示されている。

２０１３年11月27日に合意された、第３期メルケル政権の連立与党間の連立協定では、対アジア外交を扱った項目で、中国より先に日本に言及し、「日本との友好は、ドイツ外交の一つの重要な支柱だ」と記載された。日本重視の一文が盛られたことは、外交関係者には意外性を持って受け止められたが、近年、年１回来日している、メルケルの最側近フォルカー・カウダー連邦議会ＣＤＵ・ＣＳＵ議員団長の意向が反映した、と言われる。

中国の歴史攻勢が、ドイツの政策当事者には効果を上げていないばかりか、逆効果になっているのではないか、と思わせるところもある。中国が頻《しき》りにドイツを引き合いに出すことに対し、警戒感も一部で生まれているのである。

２０１４年３月の習近平のベルリン訪問に際し、中国側が事前に市内のホロコースト警鐘碑訪問を申し出たのを、ドイツ政府はすぐに断った。ドイツ外交筋によると、中国側はあからさまに圧力をかけてきたがドイツ側は峻拒《しゅんきょ》した。「我々は一つの側から利用されない、と考えを固めていた。とりわけ、我々自身の過去に関する取り組みを政治利用されたくなかった」という。

　また、第1章でも登場した日本研究者ティーテンは、「中国はドイツにてこ入れすればヨーロッパを左右できると考えているようだが、今のドイツにとって、はた迷惑な面がある。突出して中国と親しくすることは、他のヨーロッパ諸国との協調を犠牲にするからだ。ただ、中国にちやほやされてよく思うドイツの政治家がいることは確かだが」と話す。

2　歴史認識がなぜ中国に傾くのか

＊ドイツに的を絞るわけ

　日本、ドイツは第2次大戦の同盟国として敗れるという、その点では共通の歴史的立場に置かれている。ドイツは過去を克服しているが日本はしていない、という白黒のコントラストを作ることは、国際社会により効果的に日本の非をアピールできる。

　ただ、いくら中国が強力に働きかけたとしても、ドイツにそれに応える内在的条件がなければ、中国になびくわけがない。経済面でのドイツの中国に対する打算はすでに述べたが、より本質的なことは、歴史問題に関して中国の主張に共鳴する要素がドイツにあると見られることだ。それがドイツ―中国関係の持つ、日本にとっての危うさの核心をなす。

今のドイツの正当な歴史認識は、第2次大戦戦勝国の史観へのほぼ全面的な同調の上に成り立っている。この点で時代を画したのが、戦後40年を期して、当時の西ドイツ大統領リヒャルト・フォン・ヴァイツゼッカーが連邦議会で行った、日本では「荒れ野の40年」で知られる演説である。

ヴァイツゼッカーはこの演説で、「(ドイツが降伏した) 5月8日は解放の日だった。この日はナチズムの暴力支配という人間蔑視の体制から我々全員を解放した」と明言した。それまで、西ドイツの戦争世代の多くはこの日を「敗北の日」「屈辱の日」と認識していたし、歴史学的にも敗戦が「解放」だったか「占領」だったか、という議論もあった。ヴァイツゼッカーは抵抗を排して、ドイツが戦争にともない被った被害や苦悩も「(ナチスの) 暴力支配が開始されたところにこそ原因がある」と述べた。さらに、ドイツが起こした戦争は「いっさいが無駄であり無意味であったのみならず、犯罪的な指導者たちの非人道的な目的のためであった」と認めた。

ヴァイツゼッカー演説の全体を読むと、戦死した兵士、200万人とも言われる死者を出した旧ドイツ領を追われた追放民など、ドイツ側の犠牲者も記憶する対象としており、ドイツ人の国民感情に配慮したバランスを保っている。

しかし、「解放の日」と言い切ることの意味は、日本でドイツの5月8日に当たる8月15日を「解放の日」と呼ぶことを想像してみれば理解できる。日本でも敗戦を軍国主義からの解放ととらえる見方があることも事実だが、大方の認識は、8月15日はあくまでも終戦（敗戦）の日であり、米国を中心とする連合国軍は「占領軍」であろう。先の大戦での戦死者は無駄死にだった、とすることは日本人には難しい。

繰り返すが、ドイツに屈服とも言える歴史認識を強いたのは、同国の過去の戦争犯罪の中心がホロコーストという、何人も肯定できない絶対悪、人道に対する罪だったからである。国際社会でまっとうな地位を回復するためにはドイツは謝罪するしかなかった。ドイツも旧ドイツ領からのドイツ人追放や、連合国による主要都市に対する空爆で、数百万人単位の民間人の犠牲者を出しているにもかかわらず、それを含めたすべての損害をナチズムに起因するものとして受け入れるしかなかった。歴史認識の中心に、「アウシュビッツ（に象徴されるユダヤ人虐殺＝ホロコースト）を二度と起こさない」（ドイツ語で「Nie wieder Auschwitz.」）という倫理が入り込むことは、不可避のことだった。そして、時代を経るにつれ、当初ナチスに限定していた糾弾の対象が、国防軍から外務省など当時の統治機構に広がり、第２次大戦の戦争遂行全般も克服すべき過去となっていった。

一方で、歴史認識に関しドイツ知識人が抱く屈折した心理が存在する。第２次大戦後、ナチ・ドイツによる蛮行に対する国際社会の厳しい非難はドイツ知識人を苦しめたから、その心理的補償を得るには、「過去の克服」を徹底してそれを誇る、といった屈折した形をとった面があるのではないか。ドイツ語に「罪を誇る」（Schuldstolz）という言葉があるが、戦争に伴うすべてをドイツの責任として受け入れて謝罪することを続けるうちに、ドイツ人は、逆説的だが、過去の克服に関して、倫理的な高みを獲得したと信じ込むようになった。いわば「贖罪のイデオロギー化」が起こったのである。

そこに、日本が過去の正当化に拘泥《こうでい》することを倫理的に批判する、少なくとも主観的な優越性が生まれた。ドイツ人に対し、ドイツの過去克服の歩みが世界の模範であり、日本は邪悪である、と繰り返し語りかけることは、屈折した優越感をくすぐる働きをする。そこには、ナチズムの過去を糾弾され続けてきたドイツ人が、「道徳的に自分より劣った日本人」を発見して、バランスを回復する精神のメカニズムがあるのではないか。それは、素直にナショナルな感情を表出することをタブー視されてきたドイツ人がたどり着いた、屈折したナショナリズムの表現なのかもしれない。

余談になるが、旧知のドイツ外交官に直截《ちょくせつ》に「ドイツ人は歴史認識問題などで、日本人に対して常に道徳的な優越性を見せたいと思っているようだが、それはナチズムの過去の故ではないのか」と聞いたことがある。彼の答えは「その通りだ。特にドイツメディアはそうだ。道徳的な優越性を示したいドイツ人に対して、あなたが腹立たしく思うのも理解できる。だから私は、外交としては道徳的な議論はしない方がいい、と言っている。たとえば、EUの外務・安保上級代表のアシュトンが安倍首相の靖国神社参拝が望ましくない理由を、日韓関係の安定性を損なうから、としたのは正しい。道徳的な高みから日本を批判するのは無意味だ」というものであった。日本をよく知るドイツ人の中には、歴史認識問題での日独間の綾をよく自覚している人もいる。

＊日独同盟は例外

歴史認識問題での、日本に対する否定的イメージは根深い。

ヘルムート・シュミット元首相の回顧録に日本、中国に関する章があるが、「1960年代に日本政府は（中略）近隣諸国との間の政治的、心理的な溝を埋める努力を始めたが、これまで僅《わず》かな成果しか上がっていない。その何よりの理由は、日本人には明らかに罪の意識が欠けていることにある」[*22]と断定している件《くだり》がある。

シュミットは大学の卒業論文のテーマに、日本の通貨改革をテーマに選んでおり、日本理解者と自任しているのであろう。シュミットは首相辞任後の言論人としての長い活動の中でしばしば日本に言及している。

第3章で言及した、2012年2月2日に私がハンブルクで行ったインタビューでも、シュミットは私が日本に関して質問したわけでもないのに、次の様に述べて日本を批判した。

「ドイツはヨーロッパ共同体をよりどころにしたが、日本はアメリカとの同盟だけに頼った。日本は東アジアに友人はいないが、それはもっぱら日本の責任による。ドイツにはフランスの広範囲の好意があったが、日本には近隣諸国のそうした好意はなかった。それがドイツが日本より外交の自由度を持っている理由だ。日本は日本帝国主義に関する近隣諸国への十分な謝罪をしなかった。靖国神社は日本の孤立化のシンボルだ。もしかすると徳川250年の鎖国政策が日本人の心理に影響を与えているのかもしれない。謝罪する一方で靖国神社参拝

*22　ヘルムート・シュミット『シュミット外交回想録　下』永井清彦、片岡哲史、内野隆司訳、岩波書店、1989年、192頁

も行われた。それは大きな間違いだ」

この「罪の意識に欠ける日本人」像は、シュミットが発行人を務めている「ツァイト」紙などで繰り返し語られ、歴史認識問題で日本を断罪する上での原型を形作っているのである。

こうしたマイナスイメージの発端がいつまで遡るのかは分からない。シュミット自身がこうしたイメージ形成の一つの嚆矢《こうし》だったのかもしれない。日本がヨーロッパの産業競争力に追いつき、1980年代の日本と欧州共同体（EC）間の激しい貿易摩擦を経て、追い越す過程の中で生まれた対日脅威認識も、日本のマイナスイメージに結びついた。

私には歴史的な考察は手に余るが、ただ、ドイツ人の日本理解の水準を、我々日本人のドイツ理解の水準で類推すると間違う。近代化の過程でヨーロッパを貪欲《どんよく》に理解しようとした日本と同じような歴史的経験は、ドイツのアジア理解の過程にはなかった。ドイツの日本研究は、日本のドイツ研究に比べ貧弱であり、日本に対する深い理解を基礎とするアカデミズムやジャーナリズムの言説は、ごく少数である。

この『シュミット外交回想録』の、毛沢東、周恩来、鄧小平ら中国の指導者との会談の件を読むと、根底にこれら指導者と、それを支える「数千年を経て現代に至るまで継続的に発展し、保ち続けられた唯一の世界文明」[*23]である中国文明への思い入れを感じることができる。

ドイツと中国の関係緊密化は、歴史的に振り返って例外的な展開ではない。日中、日独、独中の三角関係には、時代を通じて不変な地政学的な宿命とでも言うべき側面が存在する。

1937年からの日中戦争時、同盟通信社の上海特派員だった松本重治は、「日中戦争は、一面、日独戦争である」と断じている。[*24]近年、当時を中心とした独中関係史の研究が進み、第1次大戦後、ドイツ国防軍は南京の蔣介石政権に軍事顧問を派遣して軍近代化に協力し、武器メーカーはドイツ人武器商人を介して多量の武器輸出を行ったことなどが、明らかになっている。[*25]ヒトラーが首相に就いた1933年以降も、中独条約（1936年）を結び、中国に対して軍事協力、武器輸出を継続した。1937年に起きた第2次上海事変が激戦となったのは、国民党軍がドイツ軍によりよく訓練、装備されていたからである。

アジアで唯一の覇権国家が成立するのを嫌う米国と違って、ヨーロッパ、なかんずくドイツは中国を封じ込め、アジアの海洋の自由を確かにする必要もないし、戦略的に東アジア情

＊23　シュミット『シュミット外交回想録　下』永井清彦、片岡哲史、内野隆司訳、124頁
＊24　松本重治『上海時代　上　ジャーナリストの回想』中央公論社、1974年、172頁
＊25　田嶋信雄『ナチス・ドイツと中国国民政府　一九三三―一九三七』東京大学出版会、2013年、1～8頁

勢を考える必要もない。さらに、今のヨーロッパにはアジアの事態に介入するだけの軍事能力はない。前述したように、外交における人権や自由、民主主義といった価値の要素はドイツ外交にも存在するが、極論すれば、経済的実利が上がるなら、中国が覇権を握る東アジアでかまわないのである。

日本とドイツが同盟関係にあった時期がむしろ例外であり、中国市場を巡る競合関係の方が常態だった。日中間が緊張し中国市場で日本製品が排斥されれば、ドイツ企業がその分、漁夫の利を得る関係が存在する。中国のキャンペーンが効果を上げて日本のイメージが低下するのは、ドイツにとって実は悪いことではない。

＊大陸国家同士の相性の良さ

ドイツとロシアの関係ばかりでなく、ドイツと中国の関係においても、経済的利益、政治的打算に止まらない、感覚的に肌が合う、といった言葉がふさわしいような、共通の波長があるのではないか。それは、歴史認識の型においてドイツとロシア、中国との間にどこか似通った点があるからではないか。これが、本書の最後のそして最も大胆な仮説である。

そもそも、ドイツの歴史認識の性格を抽出することなど無謀だが、少なくとも現在観察されるドイツの歴史認識に限って言えば、次の様な印象を私は持っている。

まず、第１に、過剰に倫理化された歴史解釈と、唯一の歴史解釈がありえるとするイデオロギーである。

歴史とは何か、という問いに対する回答がそもそも多様であろう。ただ、歴史とは本来、どうしても動かしようのない歴史事実の拘束を受けつつも、自分なりの歴史解釈を組み立てていく、すこぶる創造的な試みだろう。しかし、私が知る限り、現在のドイツの正統的な歴史認識は「贖罪イデオロギー」に強く規定された、歴史の醍醐味《だいごみ》とは異質な知の営みに思えてならない。

第１章で「ヴィルツシャフツヴォッヘ」編集長のティヒーが語ったように、ロマン主義的な「倫理の過剰な強調や理想主義的な解決を求める危険」は、歴史認識についても当てはまる。とりわけ西ドイツ以来の正統的な歴史認識は、ナチ・ドイツの否定が、国家（集団）、多数者、規律の否定に至り、個人、少数者、反抗を至上視する価値基準を中心に、歴史の出来事の軽重を判断するようになっているように思われる。

罪の意識を持ち続けることは、個々人の倫理という面では立派なことだが、それが集団の価値観を縛るとき、息苦しさを感じずにはいられないことがある。ドイツ人はある国家には唯一正統な歴史認識があるべきだ、という考えにそれほど違和感を持たないのかもしれない。多様な歴史解釈があり、政治家も様々な歴史認識を抱いているということは、実はドイツ人には居心地が悪いのかもしれない。しかし、政治、外交的判断を優先しなければならない局面はあるにせよ、歴史認識は、自由社会であれば本来多元的であるのが自然である。

余談めくが、歴史認識を形成するのに大きな役割を果たすのは学校での歴史教育だが、ベルリンのある会食の席で一緒になったドイツ連邦軍の海軍士官は、南洋諸島がかつてドイツ領であったことを知らなかった。ドイツの歴史教育は極端にナチズムとホロコーストに偏していることは、多くのドイツ人が指摘していることである。

ドイツの歴史意識の基底的な発想形式の2番目は、歴史を人工的に断絶できるという思想である。

ドイツの正統的歴史認識は、ある時代は先行する時代を否定し、より高度の価値を持つ新時代に生まれ変わることができる、という思想を自明の前提としているように思われる。「1968年世代」による、戦前、戦中世代の全否定が一つの例である。日本でも全共闘世代とその親の世代の断絶が言われたが、ドイツの断絶は日本よりはるかに徹底していた。少なくとも現代史においては、前時代の記憶はあくまでも新時代の歴史意識に基づいて行われ、時代ごとにほぼ一色となった過去の評価と、それを具象化する記念物がドイツの歴史認識の一つの特徴を表しているように思われる。

ハンス・カール・フォン・ヴェアテルン駐日ドイツ大使は、日本記者クラブでの講演（2014年3月27日）で、「1945年、そしてそれ以降、ドイツは非常に幸運だった。一つは、45年にドイツでは、その政治、社会体制が完全に崩壊したことだ。零年ということがあるが、まったく最初から始めねばならなかった」と語った。これは、日本の戦後は過去の不徹底な清算に基づいている、という見方を言外に臭わせていることも含め、ドイツ知識人の一つの典型の発想であろう。

確かにドイツの敗戦は、日本の敗戦より徹底した軍事的敗北だったが、それによって、ナチズムという旧体制が一掃され、ドイツが生まれ変わることにより戦後の歩みが可能だった、という歴史認識こそ、歴史を人工的に断絶できるとする認識の典型である。日常生活は持続しているし、一つの国家、社会がある時点を境にして、前時代との絆を完全に断ち切って生まれ変わることはありえないだろう。事実、戦後ドイツもナチズムの影響は相当長期にわたり継続した。ドイツの正統的な歴史認識は、ある特定の価値観を基にした時代の断絶という強いイデオロギー性を持つことになる。

ドイツ人は、前世代の行いが、後世から見て失敗と評価されたとき、前世代の努力、葛藤《かっとう》をすべて無意味だったと断じることに躊躇しないようである。しかし、戦後ドイツに、戦争による自国民の犠牲者の慰霊をためらう傾向があったことは、先人に対する冷たい仕打ちだった、と感じる。歴史の継続性を自明の前提とし、大方の人々はその時代の常識に沿ってしか生きられない面があると考える多くの日本人にとって、先祖の時代を全面的に否定することには違和感を覚えるだろう。

＊大陸国家と海洋国家の歴史観の違い

私はロシアや中国の歴史認識について何ら語る資格はないが、極めておおざっぱだが、次のことは一般的に言えるのではないかと思う。

ロシアが時代を通じて、歴史の国教化の傾向を常に有していることは自明だろう。ロマノフ王朝の正教会との一体化、ソビエトイデオロギー、そして、プーチンによるロシアナショナリズムに基づいた歴史のイデオロギー化などを例示することができる。

中国の歴史も同じである。いくつかの中国史に関する概説書をざっと一覧するだけで、歴史が時々の政治権力に都合よく解釈されたことは容易に見て取れる。

孔子が編纂《へんさん》したことになっている最初の史書「春秋」から、中国の史書は歴史に、何が正統な政治であるか、そうでないかの道徳を持ち込むものだった。各時代の正史は、その王朝が打ち倒した前代の王朝の歴史を編纂し、皇帝の承認を得た書物だが、前王朝の欠陥を強調し、現王朝の成立がいかに必然であったかを示す、現王朝にとって都合のよい歴史になることとは必然だった。

歴史認識について、大陸国家、海洋国家という大きな国の性格の分類を適用すれば、少なくとも現在、観察されるドイツの歴史認識の根本的な発想、つまり、正統な歴史解釈という閉鎖性、断絶を基調とする認識、異質な歴史認識への倫理的糾弾などは、一言で大胆にまとめてしまえば、大陸国家的な歴史認識の型と言えないだろうか。

これと正反対の理念型として提示できるのが海洋国家的な歴史認識であり、多様性の許容、連続性を持つ歴史、歴史と倫理の峻別、などを特色とする。アングロサクソン（英国、米国）、日本などは大きく言って海洋国家的歴史観を共有する国と位置づけられるのではないか。

かつてドイツは地理的に、現代の我々が知るドイツの領土よりも、よほどユーラシア大陸に東に向けて張り出して位置する国家だった。かつての東プロイセン、シュレジエン、ポンメルンなどの領土は失われたが、統一後はそれら地域を始め、バルト3国から東ヨーロッパ諸国、バルカン半島へのドイツの影響力は増している。

東への夢を抱くドイツの姿は、かつての大陸国家としての自国の再発見である。ドイツが地政的に東を向いた大陸国家になるにつれて、非合理性に根を下ろす「夢見る」特質が開花しやすい条件が生まれているとも解釈できるのではないだろうか。

おわりに　ロマン主義思想の投げかける長い影

「ドイツ精神は未熟と言いたければ言ってもいいが、未熟とはそもそもどういう意味なのだ！　ドイツ人の行為はある種の力強い未熟から生じるのが常だった…われわれは、われわれの未熟によって、さらに少なからぬ革新を、少なからぬ革命を、世界に贈ることになろう」

（トーマス・マン『ファウスト博士[*26]』）

これまで見てきたドイツをめぐる出来事を理解するためには、歴史をずっと遡って、ドイツ的としか表現しようがないものを探り当てるしかないのではないか。これまで脱原発やユーロ導入、ロシア、中国との関係で言及したドイツ人の「夢見る性格」を「ロマン主義」と

＊26　トーマス・マン『ファウスト博士　上』関泰祐、関楠生訳、岩波書店、１９８５年、２０８頁

いう概念に置き換えて、思想史的背景を探れば、出来事をより本質的に理解できるだろう。これは本書の一つの結論ではあるが、ただ、専門的にドイツ思想を振り返る力は私にはない。次に述べることは簡単な試論であり、思考を発展させる上でのヒントと考えていただきたい。

＊ドイツの不安

福島第1原発事故時のドイツ社会のパニック的反応は、もちろん、それが原発事故であったことに深く関わる。

ドイツの国民世論に反原子力エネルギーの世論が占める割合は、他のヨーロッパ諸国や日本に比べてはるかに大きかった。反原発思想は、つとに市民運動や政党に担われて、ドイツ社会の中にしっかりと組み込まれている。福島の原発事故発生後、直ちに原発問題がドイツで国内政治問題化したのは、こうした素地があったからである。

問われねばならないのは、なぜドイツで緑の党に代表される環境保護運動が、確固たる勢力を築いたのか、である。環境問題、特に反原発運動を主な源流とする環境政党が、有力政党の一つとして、これだけ大きな影響力を持っている国は、世界を見渡してもない。

真っ先に指摘されるのは、チェルノブイリ事故（1986年）で放射能汚染にさらされた事実と、その記憶である。ただ、当時もスウェーデンなどの北欧諸国、英国スコットランド、オーストリア、イタリア、東欧諸国のそれぞれ一部地域など、高濃度に汚染された地域は他にもあった。その中で、当時、西欧他国と比較しても、最も過敏な反応をしたのが西ドイツだった。

すでにこの事故までに、1960年代後半から1970年代にかけての社会の大きな変化を背景に、環境保護運動、なかんずく反原発運動は西ドイツ政治の大きな潮流になりつつあった。緑の党はすでに1983年の連邦議会選挙で、国政進出を果たしている。

したがって、チェルノブイリ以前に遡る歴史的、文化的背景を掘り下げない限り、ドイツにおける反原発の真の理由は見えてこない。

原発事故当時、ドイツメディアでよく取り上げられていたのが、「ドイツの不安」(German Angst)という概念で、原発事故に対するドイツ人の反応に関する記事でしばしば取り上げられていた。Angst（発音はアングスト）は元々ドイツ語だが、英語にもなっている。

たとえば、大震災から2週間あまり経った3月29日に話を聞いた保守系紙「ヴェルト」の発行人であるトーマス・シュミットは、「ドイツ人の心の底には、何か途方もないことが起こるのでは、という不安が常にくすぶっている『ドイツの不安』がある」とドイツ人の反応の原因について説明した。シュミットは、1945年生まれで、若い頃は緑の党の元外相ヨシュカ・フィッシャーなどとともに左翼活動を担ったが、後に保守的な立場をとるようになった。テレビの討論番組などにも時々登場するジャーナリストである。

シュミットによれば、ドイツ人が原発事故に感情的になるのは、チェルノブイリ事故の経験からではない。

「放射性雲はヨーロッパ全土に及び、フランスにも被害を与えた。しかし、当時も最もパニックに陥ったのはドイツ人だった。チェルノブイリは、それ以前からあったものを活性化したに過ぎない。ドイツ人は1945年以降、実際的で、落ち着いていて、冷静になったが、情動の力が唯一向かう先が、原子力反対、だった。『ドイツの不安』はドイツの歴史に大きく関係している。ドイツ人は宗教改革以来、30年戦争など厳しい宗教対立を経験してきた。いつすべてを失うか分からず、生命はいつも戦争にさらされていた。今は恐怖の理由が原発に向けられる。原発がなくなれば不安の対象は別のものに向かうだろう。それはコンピュータかもしれない」

確かに人間の一般的な心理として、恐怖の具象化を求める傾向があるように思う。「生の不安」といった漠然としたものが、何か具体的なものに仮託されれば安心できる、という無意識の心理が働く。それがドイツの場合、今は原発ということなのだろう。

*ロマン主義とエコロジー

ドイツ社会の原子力エネルギーへの反応をもっと包括的に理解しようとする場合、ドイツの長いロマン主義思想の流れの末に、環境保護や反原発運動があるとする見方が可能だと思う。実際、ドイツ人の自然との関わりについては、18世紀末のロマン主義から始まり、ドイツ青年運動、ナチズム、現代の環境保護運動や緑の党をつなぐ自然観が存在することは、しばしば指摘される。[*27]

ロマン主義は18世紀後半に、啓蒙主義的合理主義に対する反発からヨーロッパで生まれた精神運動であり、しばしば古典主義や近代科学の精神と対比して論じられる。ロマン（物語）の語が示すようにもともと文学運動であり、自然を生命に満ちた全体と見て、自然と共

*27　以下、ドイツ文化における森の意味などについては、宮下啓三「森と山とメルヘンと」、西尾幹二編『ドイツ文化の基底』有斐閣、1982年、による

感じ、共鳴する態度でなければ自然を知ることはできないと考える神秘主義を核にしている。[*28]

合理主義に対抗して感情を重視するロマン主義は、ナポレオン戦争を通じて高揚するナショナリズムと重なり合った。ロマン主義者たちにとって民族の精神文化を発見することも目標の一つだったからだ。グリム兄弟が童話を収集したのも、ナポレオンに席巻され危機に瀕したドイツにあって、ドイツ民族の遺産をできるだけ残す目的があったからである。また、森は自然の世界の象徴であると同時に、ドイツ民族の過去に思いをはせる場所として特別な意味を持った。ロマン主義に担われた合理主義への反抗、ナショナリズム、自然の発見は不可分に結びついていた。

19世紀には産業化が進む。そうした中生まれた、19世紀末のヴァンダーフォーゲル（青少年による野外活動）と、それに続く「ドイツ青年運動」、裸体主義（ヌーディズム）などには、一貫した自然への志向が含まれている。ドイツ青年運動は、退嬰《たいえい》的な異国の影響に汚されない独自の伝統の保持を唱え、その後、「血と土」を中核の一つとしたナチ・イデオロギーを担う「ヒトラー・ユーゲント」に統合されていく歴史をたどる。

ナチズムにも、抽象的な理性に抗して非合理的な生を擁護し、民族の根源を求めて過去や共同体に憧憬をつのらせたロマン主義的要素が色濃く反映している。[*29] ナチズムにも近代主義や古典主義は流れているが、それ以上にロマン主義から続くエコロジー的思想、人間中心主義からの脱却、農本主義などの要素があったことは、最近のドイツ研究でも注目を集めている分野である。ナチスがホロコーストを実行した一方、稀少動物を保護する自然政策を行ったことなどが、その一つの例である。

＊ロマン主義の末裔としての「68年世代」

第2次大戦後の西ドイツは、1950年代まで戦後復興、経済成長優先の雰囲気が続き、1960年代末の学生運動を担った若者たち、ドイツ語でいわゆる「68年世代」も、運動の高揚時にあってもエコロジーには無縁だった。[*30] 1970年代後半から80年代初めにかけての緑の運動の創生期には、緑を名乗る政治勢力に保守派や、ナチ思想を継承した「国家民主党」などの右翼運動も合流し、一つの潮流を形成していった。

学生運動の衰退後、1970年代に入ってから、68年世代は「新しい社会運動」に活動の

＊28　野田又夫『デカルト』岩波書店、1966年、180頁
＊29　田野大輔『魅惑する帝国　政治の美学化とナチズム』名古屋大学出版会、2007年、257頁
＊30　以下、緑の党についての記述は、主に永井清彦『緑の党』講談社、1983年、による

場を見いだしていった。その中心となるのが、反原発などの環境保護運動だった。1973年の石油危機への対応から、ヘルムート・シュミット政権は原子力エネルギー重視の姿勢をとり原発建設を推進したが、これに対し、南西ドイツのヴィールや、北ドイツのブロークドルフなどの建設予定地で、大規模な反対運動が起こった。特にヴィールの反対運動は、メディアで大々的に取り上げられ、反原発運動を象徴する場所となった。

1977年ニーダーザクセン州のヒルデスハイムで、ドイツで初めて「緑」の名を冠した政治グループが選挙に参加した。全国レベルの「緑の党」は80年、カールスルーエで結成され、83年連邦議会に議席を得て、98年には国政与党として、政治を担うまでに成長した。

これまで「夢見る人」というキーワードで説明してきたが、福島第1原発事故後の急速な「エネルギー転換」を可能としたのは、こうした200年以上に及ぶ長い歴史と社会的な蓄積なのではないだろうか。

そして、18世紀後半以来の「ロマン主義」との連続性を前提とするならば、緑の党や反原発、環境保護運動にも、開明的な「西側世界」に反旗を翻すような非合理的な衝動、反科学主義、反進歩主義が宿っている、と見るのが適当だろう。

ロマン主義と現在のドイツを結びつけるとき、このドイツ人の自然との関わり合いの連続性という視点と、もう一つ、ドイツ人が認識し行動するときの観念性が継続している、と見る視点がある。それはドイツ人の政治下手、歴史認識における過度の倫理化を説明する視点でもある。

この二つの方向性がどう関連するのかは難しい問いだが、「自然＝感性＝非合理主義」と「人工＝理性＝合理主義」が対概念になることを前提とすれば、自然を理想視するドイツ人の魂のあり方は、必然的に理性より感性を重んじる「夢見る人」の性向、すなわち、経験論的に情報を集めて冷静に分析するよりも、非合理的情動に依拠して行動を急ぐ姿勢につながる、と説明することができようか。

＊世界的な波乱要因

トーマス・マンが、ドイツ敗戦直後の１９４５年5月29日、米国で行った有名な講演「ドイツとドイツ人」がある。福島原発事故に対するドイツ人の反応を知った後、この文章を読み直したが、端的にドイツ人の振る舞いの底に潜む論理を表現していると思え、いちいちひざを打つような思いがした。たとえば、次のような一節である。

「(ドイツ・ロマン主義とは)自分自身が、地底の世界に通じるような非合理で悪霊的な生命力に近いところに、すなわち人間の生命の本来の源泉の近くにいると感じており、他方単に理性的でしかない世界観や世界論に対しては、自分はもっと深い理解を持ち、聖なるものともっと深い結び付きを持っているとして反逆する、そのような魂の古代性なのです。ドイツ人は、啓蒙主義の哲学的主知主義と合理主義に反抗するロマン主義的反革命の民族――文学に対する音楽の、明瞭に対する神秘主義の反抗の民族であります[*31]」

マンはドイツ人の政治下手にまで議論を発展させる。現実の問題処理に当たって、英国的なやり方が優れている、という見方を、マンはヘルダーリーンやゲーテの発言を引きながら、このように語っている。

「『行動において貧しく、思想において豊かな』と、ヘルダーリーンは、古く、敬虔《けいけん》な、精神的な、そして無力なドイツを呼びました。精神と権力、思想と行動の間のドイツ的乖離《かいり》、文化の高さと政治の惨めさの間の矛盾も悩みの種でありました。ゲーテはこの悩みをはっきりと口にしましたし、時おりドイツ人の性格の世間知らずな理論癖を呪いました。ゲーテはエッカーマンにこう言っています。『ドイツ人が哲学の問題の解決に苦しんでいる間に、豊かな実際的分別を備えたイギリス人はわれわれを笑いとばして、世界を手中に収めている[*32]』」

最新のドイツ思想史の一冊である哲学者リュディガー・ザフランスキーによる『ロマン主義——一つのドイツの出来事』には、「（ドイツでは）世界に対する敬虔さと世間離れしていることが合わさって、政治的センスの形成を妨げた。確かに、近いものに対しては、実存的ないし個人的な、遠いものに対しては、大きな形而上学的問題に対する豊穣な視点を作り上げた。しかし、政治の領域は、近いものと遠いものの真ん中にある。この地点で政治的な判断力が試されるのだが、しかし、それはドイツでは欠けていた」[*33]とある。

ロマン主義的政治観に対比されるのが、単純化して言えば、政治とは退屈に耐えて行う日常的な利害の調整の技術であり、特段、壮大な理念を実現するプロセスではないとする考え方だろう。こうした英国流の冷めた見方はとてもドイツ人には耐えられないらしい。

メディアのあり方についても、アングロサクソン世界の報道に、成熟した情報の扱い方があることはこれまで見た通りである。アングロサクソン的情報収集、分析は、世界帝国として鍛えられ、海洋国家ならではの地球的な目配りと、バランス感覚に裏付けされたものだ。

＊31　トーマス・マン『講演集　ドイツとドイツ人』青木順三訳、岩波書店、１９９０年、30頁
＊32　同、１５８頁
＊33　Rüdiger Safranski, *Romantik, Eine deutsche Affäre*, Frankfurt am Main, 2013, S.360

そして、おそらく、何か大事に直面したときの危機管理において、観念的な認識に縛られるドイツ的な知性よりも、アングロサクソン的な経験論的な知性の方が優れている。

脱原発やユーロ危機を取材する中で、20世紀の二度の大戦で、ともにアングロサクソン世界に勝利することができなかったドイツの歴史的経験は、「夢見る人」の政治下手に起因するのではあるまいか、という実感に襲われたこともしばしばだった。

ザフランスキーは、68年世代の政治行動にまで、ロマン主義の長い歴史の影をたどり、次のように書いている。「時代としてのロマン主義は過去のものとなったが、精神の在り様としてのロマン主義的なものは残った。現実的なもの、平凡なものを居心地悪く感じ、出口、変化、超越の可能性を探し求めるときには、必ずロマン主義が一役買うのである」[*34]

躊躇しながらもヨーロッパを牽引《けんいん》する存在となったドイツが、その「夢見る」性格によって、再び世界的な波乱を引き起こすことがあるのだろうか。いや、本書で見てきたように、すでにその芽は現れているのかもしれない。

＊34　Safranski, *Romantik, Eine deutsche Affäre*, S.392.

あとがき

J・S・バッハ、モーツァルト、ベートーベンの音楽を愛することにかけて、人後に落ちないと勝手に信じている私だが、ドイツの政治文化やメディア、「過去の克服」に関しては、どうもなじめない。「夢見る人」という言葉とともに、「過ぎたるはなお及ばざるがごとし」という故事成語が、しばしば頭に浮かんでしまう。そんなわだかまりを、あれこれ文章にしたのがこの本だと言ってもいいのだろう。

「はじめに」で触れたことだが、私がもう一つなじめないのは、日本人にありがちな他国のある側面を理想視する傾向である。世界に対し謙虚に広く心を開き、取り入れる姿勢は日本の美徳ではあるが、これもしばしば行き過ぎがあり、卑屈さすら感じるときもある。問われるべきは、相手の論理に正面から対峙する精神的な強靭さを持てるかどうかだろう。

もとより日本とドイツの関係は多岐にわたり、協力できる分野はこれからも発展させるべきだろうが、本書で述べたような側面があることも知っていただければと思う。本書がドイツに関心がある方にとって、ドイツを多角的に見る上で一助になれば幸いである。

本書の対象はドイツだが、日本自身を批判的に相対化する視点も忘れてはならないと自戒する。大方の叱正を待ちたいと思う。

本書の価値判断に関わる部分は、あくまでも私見であることをお断りしておきたい。本文中、原則として年齢、肩書はその時点のもので、敬称は略した。

本書出版に至るまでには、数多くの方のお世話になった。中でも、旧知の編集者の木村隆司氏、光文社の古川遊也、三宅貴久両氏に出版の労を執っていただいたことに、記して感謝したい。

2015年8月31日

三好範英

三好範英（みよしのりひで）

1959年東京都生まれ。東京大学教養学部相関社会科学分科卒。'82年、読売新聞入社。'90～'93年、バンコク、プノンペン特派員。'97～2001年、'06～'08年、'09～'13年、ベルリン特派員。現在、編集委員。著書に『特派員報告カンボジアＰＫＯ　地域紛争解決と国連』『戦後の「タブー」を清算するドイツ』（以上、亜紀書房）、『蘇る「国家」と「歴史」　ポスト冷戦20年の欧州』（芙蓉書房出版）。

ドイツリスク　「夢《ゆめ》見《み》る政治《せいじ》」が引《ひ》き起《お》こす混乱《こんらん》

2015年9月20日初版1刷発行

著　者 —— 三好範英
発行者 —— 駒井　稔
装　幀 —— アラン・チャン
印刷所 —— 萩原印刷
製本所 —— 榎本製本
発行所 —— 株式会社光文社
東京都文京区音羽1-16-6（〒112-8011）
http://www.kobunsha.com/
電　話 —— 編集部03(5395)8289　書籍販売部03(5395)8116
業務部03(5395)8125
メール —— sinsyo@kobunsha.com

ISBN 978-4-334-03879-3

764
人生に疲れたらスペイン巡礼
飲み、食べ、歩く800キロの旅
小野美由紀

普通の旅行じゃ物足りない、世界中の人と出会いたい、大人の自分探し、やせたい……etc.目的は人それぞれ。いつかは行きたいカミーノ・デ・サンティアゴがまるごとわかる一冊。

978-4-334-03867-0

765
なぜ戦争は伝わりやすく平和は伝わりにくいのか
ピース・コミュニケーションという試み
伊藤剛

戦争を起こし、拡大する①「権力者の法則」②「メディアの構造」③「大衆の心理」の「三位一体モデル」の分析を基に、平和を維持するための新たな方法論を模索する。

978-4-334-03868-7

766
「快速」と「準急」はどっちが速い？
鉄道のオキテはややこしい
所澤秀樹

「急行」より速い「区間快速」!?「普通」と「各停」の違いは？土曜・休日は東急線内に幽閉されるメトロ車……ややこしくて解せないがなぜか惹かれる鉄道のディープな世界へご招待。

978-4-334-03869-4

767
老人に冷たい国・日本
「貧困と社会的孤立」の現実
河合克義

高齢者3000万人時代──。NHK『無縁社会』『老人漂流社会』に協力・出演した著者が、30年の調査・研究データをもとに、これからの時代に必要な視点と、問題解決へのシナリオを示す。

978-4-334-03870-0

768
教養は「事典」で磨け
ネットではできない「知の技法」
成毛眞

辞書・辞典・事典・図鑑。これらは子どもの調べもののためではなく、大人が読んでこそ面白い「本」である。おすすめの作品を紹介しつつ、他の本にはない知的活用法を教える。

978-4-334-03871-7

769
薬を使わない薬剤師の「やめる」健康法
宇多川久美子

健康のために何かを「する」ことで、不健康になるのはなぜ？「足し算」ではなく「引き算」が、健康と幸せを引き寄せる！運動、食事、日常の小さな習慣で自然治癒力を高める方法。

978-4-334-03872-4

770
はじめての不倫学
「社会問題」として考える

坂爪真吾

「不倫」を「個人の問題」ではなく、「社会の問題」として捉えなおすことによって、「不倫」の予防と回避のための智恵と手段を伝授する。本邦初の実践的不倫学！

978-4-334-03873-1

771
メカニックデザイナーの仕事論
ヤッターマン、ガンダムを描いた職人

大河原邦男

「私が心掛けているのは、たとえアニメの世界であったとしても『嘘のないデザイン』をすることです」――日本初のメカニックデザイナーが語る、デザイン論、職人論、営業論。

978-4-334-03874-8

772
昆虫はもっとすごい
丸山宗利　養老孟司　中瀬悠太

アリの巣に居候しタダ飯を食うハネカクシ、交尾だけに生きるネジレバネ、全く意味の分からない形をしたツノゼミ……。虫たちの面白き生態を最強の〝虫屋〟トリオが語りつくす!!

978-4-334-03875-5

773
教育虐待・教育ネグレクト
日本の教育システムと親が抱える問題

古荘純一　磯崎祐介

家庭や学校で、教育やしつけをめぐり虐待的対応を受けて不適応を起こす日本の子どもたち。本来求められる対応とは。児童精神科医とアスペルガー障害当事者による分析と報告。

978-4-334-03876-2

774
ブラックホール・膨張宇宙・重力波
一般相対性理論の100年と展開
真貝寿明

アインシュタイン自身の想像を超えるほど、一般相対性理論が描く世界は奇妙なものだった。現代物理学の最先端の知見は私たちに何をもたらすのか。最新の研究成果を交えて探る。

978-4-334-03877-9

775
痛くない体のつくり方
姿勢、運動、食事、休養
若林理砂

痛みによって、仕事の効率や精度が下がり、果ては発想力まで奪われる！　人気鍼灸師が「ペットボトル温灸」「爪楊枝鍼」など身近にあるものでできる体のメンテナンス法を紹介する。

978-4-334-03878-6

776
ドイツリスク
「夢見る政治」が引き起こす混乱
三好範英

エネルギー転換、ユーロ危機、ロシア・中国という二つの東方世界への接近――この3つのテーマから、ドイツの危うさの正体を突き止め、「ドイツ見習え論」に警鐘を鳴らす。

978-4-334-03879-3

777
誤解だらけの日本美術
デジタル復元が解き明かす「わびさび」
小林泰三

実は真っ赤な阿修羅、きらめいてきた銀閣、ド派手な風神雷神…。最新のデジタル技術で国宝の本当の姿を復元し、当時の環境を理解すれば、日本美術の見方がガラリと変わる！

978-4-334-03880-9

778
「儲かる会社」の財務諸表
48の実例で身につく経営力・会計力
山根節

アップルvs.グーグル、楽天vs.アマゾン、キリンvs.サントリーなど、大企業の戦略の違いをわかりやすく図解しながら、ざっくり、アバウトに財務諸表を読み解くコツを教える。

978-4-334-03881-6